El despertar del sol

,

El despertar del sol

MARÍA GARCÍA

Prólogo de Miriam Subirana

ALREVES

BARCELONA 2012

Primera edición: febrero de 2012

Publicado por:
EDITORIAL ALREVÉS, S.L.
Passeig de Manuel Girona, 52   5è 5a
08034 Barcelona
info@alreveseditorial.com
www.alreveseditorial.com

Printed in Spain
ISBN: 978-84-15098-45-4
Depósito legal: SE-651-2012

Diseño de portada: Mauro Bianco

Impresión: Publidisa

A todos los seres que ya han despertado,
a los que están despertando,
y a los que despertarán
porque todos estamos contribuyendo
al despertar de todos

Índice

La luz de tu interior

El viaje del despertar

Brilla como el Sol

Agradecimientos

Quiero agradecer en primer lugar a mi familia. A mi abuelo, por ser mi maestro y el referente más claro que he tenido de un ser humano motivado por el impulso vital de ir siempre hacia delante. A mis padres, José Luís y Loli, por traerme a la vida, por su apoyo y una generosidad sin límites que nunca podré agradecerles lo suficiente. Gracias también a mis padres de Uruguay, Bebe y Chechete, por quererme y tratarme como a su propia hija.

A mis tres hermanas del alma: a Giorgia, por ser mi inspiración creativa y acompañarme con su alegría y su fuerza en los últimos cuatro años; a Carmen, por ser la mujer sabia que me acompaña en la vida, por todo lo que aprendo a su lado, por el honor de compartir esta existencia, y a Mónica, por ser el mejor de los espejos, por todo su apoyo en la escritura de este libro y en la vida. Gracias a las tres por estar siempre conmigo más allá del espacio y el tiempo, por vuestro amor, vuestro apoyo en la vida y por esta conexión maravillosa que va más allá de lo tangible.

A Gabriel, por el reencuentro en esta vida y por acompañar este proceso evolutivo; gracias infinitas. A Lupe, por ser testigo de mi renacer. A Rafa, por ser el espejo en el que practicar la honestidad conmigo misma y amarme por ser quien soy. A todas las personas con las que compartí ocho meses de intenso crecimiento a través de la respiración consciente.

A César y David, por estar siempre conmigo y por ser amigos, hermanos y compañeros de vida. A Raimón, Carmen y Banchayeu, por ser mi otra familia. A Helen, por su introducción a la Comunicación Noviolenta, su apoyo y su amistad. A todas las personas que me rodean en la vida cotidiana y que tengo la suerte de tener tan cerca.

Gracias a los miembros de la Escuela Trika Yoga en Risikech (India) por mostrarme lo que somos en esencia y a la Comunidad Findhorn en Escocia por todas las sincronicidades que compartimos y la realidad que co-creamos.

Gracias a la Comunidad de Monte Shasta, en California, por ser mi familia ancestral. Por haber estado siempre ahí y por abrirme las puertas de sus corazones y apoyar incondicionalmente mi proceso personal y profesional. Gracias especiales a Dawn, por reconocerme, por convertirse en un apoyo fundamental en mi vida y por su amor inconmensurable. Gracias también a Gary, Joanna, Nancy y Mírael por mostrarme dónde estaban las respuestas; y a Philip, ¡por su libertad, su apoyo constante, su amor incondicional y su conexión con la vida siempre estimulante!

Gracias a todas las personas que han compartido la formación del Coaching Training Institute (CTI) en Madrid, Barcelona y San Rafael (California), por crear un espacio seguro y sagrado de evolución personal.

Gracias a Miriam por el prólogo de este libro y su presencia inspiradora. A Carmen y Raed por la revisión y corrección de este manuscrito, os agradezco de corazón vuestra entrega y vuestro apoyo incondicional. Gracias a Josep y todo el equipo de Editorial Alrevés, por confiar en este libro y por llevar a cabo su publicación de ser humano a ser humano, de corazón a corazón.

Gracias a la vida por haberme permitido dedicar estos meses a la escritura de este mensaje y hacerlo posible. Gracias a toda la inspiración recibida y a todos los mensajes que llegaron en el momento adecuado. Gracias al universo por mostrarme cada día su belleza y por ayudarme a descubrir este potencial infinito de sabiduría que mora en mi interior.

Prólogo

Despertar y ver. Ver, despertar y darse cuenta, son necesidades urgentes a las que nos llama la situación planetaria actual. María nos invita a escuchar esa llamada. Una llamada que implica la valentía de sentirla y sobre todo de seguirla. Necesitamos asumir la responsabilidad de nuestro estado mental, emocional, espiritual y corporal. La Organización Mundial de la Salud nos alerta: la depresión se está convirtiendo en la segunda enfermedad europea, precedida de las enfermedades cardíacas. Estamos deprimidos porque no vemos la salida al final del túnel. Nos deprime la falta de sentido de nuestras vidas. Nos deprime la carencia de amor. Nos deprimen el trabajo monótono, la rutina, el hacer por hacer, las relaciones tóxicas. Estamos agotados de una lucha en la que nos sentimos vencidos más que vencedores. Nos sentimos indefensos ante un sistema que atrofia nuestra creatividad y nos mantiene anestesiados.

Ante este panorama, María nos ofrece alternativas para renacer, como el ave Fénix, de las cenizas de la indefensión, la atrofia y la depresión. Despertemos a la infinidad de posibilidades que la vida y el universo nos brindan para alcanzar la plenitud.

Recuperemos la conciencia de todos los dones que yacen en nuestro interior, esperando salir a la luz para que demos lo mejor de nosotros. La vida es un don, abrirse para donar y donarse al otro es el mayor regalo que podemos ofrecer.

Salgámonos de la cultura del necesito, carezco, quiero, deseo y pasemos a la cultura de la generosidad en la que vivimos en la abundancia del ser. Una abundancia exuberante, que podemos saborear a lo largo de los próximos capítulos. La abundancia que surge de vivir nuestro espacio sagrado, de ser en nuestra esencia, de fluir desde nuestros dones, de crear con toda nuestra capacidad despierta.

Recuperemos el entusiasmo, el estar en Zeus, significado original de la palabra, en griego: entusiasmo. Estar en la luz y vivirla para brillar con todas nuestras fuerzas, saliendo así del letargo que nos ha mantenido dormidos en el sueño de la ignorancia de todas nuestras posibilidades.

Somos mucho más de lo que imaginamos y a la vez no somos nada más que meros instrumentos de la luz divina, de la sabiduría universal y milenaria que está a nuestro alcance a cada instante. Solo tienes que empujar suavemente la puerta de tu corazón para que se abra y al abrirse brote todo el manantial de amor que yace en ti y que puede fluir a través de ti.

Propongo disminuir el ritmo de una vida acelerada para

que puedas entrar en la dimensión más rica de tu ser. Al entrar escucha. Escucha y siente. Al escuchar la voz de tu intuición, tu guía interior, te das cuenta de que todas las respuestas están en ti. Este libro es una invitación para realizar este recorrido que te lleva a tu corazón. Atrévete a caminar por esa senda y tu alma despertará brillando como el Sol.

Gracias, María, por este regalo.

MIRIAM SUBIRANA
www.miriamsubirana.com

Barcelona, julio 2011

El nacimiento de este libro

Amanece. El Sol se despierta. Camino descalza por esta orilla desierta bañada por el agua salada. Me siento dichosa, afortunada, agradecida a la vida. Los sentimientos se amontonan unidos a esa sensación de agradecimiento y apertura al momento presente. Siento la expansión de mi ser más allá de mi cuerpo y una sensación de grandeza se manifiesta.

Veo belleza dentro de mí. Puedo visualizar mi pureza interior y no dejar de sorprenderme de la magnificencia de la vida. Todo cuanto existe alrededor parece un reflejo de la realidad brillante que irradia dentro de mí. La sencillez del paisaje que me rodea lo decora todo de una belleza inconmensurable, un espejo de paz y serenidad en el que me gusta encontrarme, sentirme y relajarme.

Me siento en realidad parte de este todo infinito: la arena todavía húmeda del rocío nocturno, las olas del mar bañando incesantemente la orilla, los primeros y tibios rayos del Sol acariciando mi piel todavía dormida. Me siento parte de algo más grande, más vivo y despierto que mi propia existencia. Algo ilimitado, infinito, grandioso.

Siento una llamada de la vida hacia la vida. Una fuerte tentación de servir a esa llamada, de ponerme a merced de esa fuerza que me invade y parece querer mostrarme un camino, un camino de vuelta, de regreso, al lugar al que ancestralmente pertenezco.

Soy consciente de que este estado de gracia que ahora transito y disfruto es el resultado de un anhelo que me ha impulsado en la vida a buscar más allá de lo visible hasta llegar a mi esencia. Un deseo poderoso de reencontrarme y conocerme a mí misma. Un profundo convencimiento de mi prioridad vital: despertar.

En los últimos diez años de mi vida he llevado a cabo un profundo proceso de transformación que ha culminado en una nueva forma de contemplarme a mí misma y al mundo que me rodea. De ese proceso surge el libro que tienes entre tus manos.

Este escrito nace de mi necesidad de expresar y compartir mi propio camino de descubrimiento y transformación, desde mi visión personal y mi experiencia y con la única esperanza de que otras personas puedan despertar totalmente a la grandeza de lo que son. A la grandeza de la vida. Consciente de que no hay recetas y que cada uno tiene su propio ritmo y su camino que transitar.

Sé que en mi interior hay una gran estrella que nunca ha dejado de brillar, que siempre ha guiado mi existencia. Un sol que me habita desde la eternidad. Todos tenemos un sol en nuestro interior y todos, en algún momento, estamos llamados a despertar la grandeza de nuestro ser.

El único consejo que me gustaría daros es que leáis este libro con calma, respiréis después de cada capítulo y os deis el tiempo de integrarlo. Cada sol que veréis entre cada apartado y cada ejercicio es una invitación a dedicaros ese momento, respirar, hacer una pausa y recibir sus regalos.

Te deseo todo lo mejor en este maravilloso viaje de la vida y espero que este libro ponga luz en tu proceso de despertar.

MARÍA GARCÍA

Te advierto, quien quiera que fueses,
¡oh tú! que deseas sondear los arcanos de la naturaleza,
que si no hallas dentro de ti mismo aquello que buscas,
tampoco podrás hallarlo fuera.
Si tú ignoras las excelencias de tu propia casa,
¿cómo pretendes encontrar otras excelencias?
En ti se halla oculto el tesoro de los tesoros.
Conócete a ti mismo y conocerás el universo y a los Dioses.

(Inscripción en el antiguo Templo de Delfos)

La luz de tu interior

La luz de tu interior

Aquello que no tiene forma
crea la forma,
aquello que no tiene existencia
hace que las cosas existan.

RUMI

Un cambio de percepción es algo tan simple como un cambio de lupa. Creemos que el mundo que vemos crea la realidad que experimentamos, que es más real que lo que ocurre dentro de nosotros. Sin embargo, creamos la realidad desde el interior.

Nuestro pensamiento y, por ende, nuestras creencias, son el pilar fundamental que construye el desarrollo de nuestra vida, son el vehículo a través del cual impulsamos nuestras experiencias.

Todo lo que ocurre en nuestra vida, ocurre dentro de nosotros, absolutamente todo. Lo que vemos afuera es el reflejo de la realidad que germina dentro de nosotros.

Los seres humanos solo vemos lo que creemos posible y esto es como decir que vemos la punta del iceberg de la vida y la existencia, que se nos escapa todo aquello que no es visible ni perceptible a nuestros sentidos pero existe.

Estamos cubiertos de multitud de creencias y pensamientos inconscientes que ni siquiera somos capaces de cuestionar. Estamos tan acostumbrados a ellos y tan identificados con ellos que cualquier otra forma de ver y concebir la vida nos resulta inexistente.

Sin embargo, la vida tiene un sentido indiscutible de trascendencia. Todo cuanto ocurre lo hace de forma deliberada: el momento de nuestra concepción, las vivencias durante el período de gestación, la forma en la que hemos nacido y las experiencias emocionales de nuestra edad más temprana han ido forjando una experiencia de vida conducida por los deseos de evolución del alma y todo cuanto ocurre en nuestra vida es una manifestación de ese deseo.

Todos los pensamientos, creencias y voces que llevamos dentro, han germinado dentro de nosotros a lo largo de un viaje desde horizontes lejanos, un recorrido de regreso a la vida con un propósito repleto de experiencias que han sellado nuestra memoria y que nos han acompañado en este recorrido hasta la edad adulta.

Parte de este viaje de la vida consiste en impregnarnos de pensamientos, creencias y sentimientos que nos servirán durante un tiempo para adaptarnos a la familia que nos acoge, la sociedad que nos recibe y la cultura que nos ampara. En este contexto, estamos predestinados a vivir de cara al exterior y a encontrar afuera la experiencia que nos brinda el aprendizaje y el conocimiento, nos acercamos a personas determinadas, elegimos las experiencias, recreamos situaciones que necesitamos vivir una y otra vez para sanar experiencias del pasado.

Esa es la forma con la que damos sentido a nuestra existencia durante esa parte del viaje de la vida, conducidos por una forma de pensar y estar en el mundo de la que ni siquiera somos conscientes, pero que estructura por completo nuestra manera de vivir.

Lo que suele ocurrir es que, en algún momento de nuestra vida nos sentimos apagados, sin brillo, con una pérdida total de sentido existencial. El mundo, el exterior, parece saber cuál es nuestra identidad mejor que nosotros y nos encontramos perdidos viviendo una vida que no nos parece la nuestra.

Pero hay una forma más amplia de comprender el propósito de la realidad que nos rodea: todo lo que nos ocurre en la infancia y que arrastramos hasta la edad adulta, no es sino la forma más adecuada de hacernos a nosotros mismos, de crecer como personas y evolucionar como seres humanos.

El ser humano es mucho más de lo que hemos comprendido ser hasta este momento. Somos el vivo reflejo de algo más grande y poderoso, representamos la manifestación en miniatura de un universo vasto y macrocósmico que crea la totalidad de la existencia.

Cuando comprendemos que esa es la fuente de todas las cosas, que nuestros orígenes vienen de un campo de esencialidad pura, de totalidad, nos damos cuenta de que ya no tiene sentido seguir viviendo en un paradigma de limitación y queja, echando la culpa al entorno y al mundo, buscando responsables afuera por la pérdida de sentido que existe en nuestras vidas.

El «darnos cuenta», la toma de consciencia sobre nuestra manera de pensar nos da la oportunidad de cambiar esa forma de concebir la realidad que ya no nos sirve, que nos limita, que nos corta las alas para vivir la vida que deseamos. Este es el momento de la toma de responsabilidad. Responsabilidad como *respons-abilidad*.

Habilidad de responder ante el enigma de la vida, voluntad para comprenderlo y vivirlo con plenitud, valentía para atrevernos a pensar que todo se encuentra dentro de nosotros y que podemos reinventarnos, podemos recordar quiénes somos y quiénes hemos venido a ser. La brújula es tu propia felicidad, tu dicha, tu alegría. Más nos hacemos responsables de nuestra vida, más conscientes nos hacemos de la dinámica de culpar al exterior y a las circunstancias y más nos damos cuenta de que todo nuestro poder está dentro. En tu interior mora la luz de la esencialidad pura, el potencial para que germine todo cuanto deseas.

La luz de la consciencia ya está dentro de nosotros.

Todos tenemos esa luz en nuestro interior, todos estamos llamados a manifestar esa luz, esa toma de consciencia, y a usar ese poder creativo al servicio de una causa mayor.

No estamos aislados, ni limitados, ni solos, estamos unidos por una corriente sutil que une cada una de las luces que llevamos dentro, que da sentido a esta existencia en la que todos formamos parte del todo.

Esa luz de tu interior no ha dejado de brillar ni un solo instante. Está debajo de lo que te has dicho a ti mismo, debajo de todo lo que te han dicho sobre ti y sobre la vida, está debajo de todas las creencias y pensamientos de los que puede que ni siquiera seas consciente. Está en tu interior. Esperando a que tú reconozcas quién eres en realidad, quien estás llamado a ser, y des tu primer paso hacia el despertar.

Crea tu espacio sagrado

Para realizar las meditaciones, ejercicios de reflexión, escritura y creatividad que se proponen en este libro, es importante que crees tu espacio sagrado. Puedes elegir un lugar de tu casa en el que habilites un espacio para ello, puede ser también un lugar en la naturaleza: la playa, un parque, donde tú lo sientas.

Considera este rincón del mundo tu espacio de intimidad y seguridad, puedes encender una vela, un incienso y poner algún objeto simbólico para ti, o poner flores, piedras o cristales, alguna imagen, un dibujo, cualquier cosa que te inspire.

Ese es un espacio exclusivo para ti, toma conciencia de ello cada vez que lo habites, él es el testigo de tu despertar, agradécelo cada día y regálate unos minutos cada día para habitar la quietud o realizar algún ejercicio creativo.

Un espacio sagrado no es solamente un lugar físico, es un lugar que acoge el encuentro contigo mismo. Esa es la esencia de tu lugar sagrado, posibilita tu intimidad. Estar a solas con tu ser. Escucharte y dedicar unos minutos en silencio a sintonizar con tu interior.

Más allá de las creencias

Una creencia no es simplemente
una idea que la mente posee,
es una idea que posee a la mente.

ROBERT BOLT

En el siglo XVI Galileo Galilei desarrollaba su teoría del heliocentrismo. Tras años de observación de la Vía Láctea, descubrió que se descomponía en incontables estrellas, y apoyó en forma directa las teorías de Copérnico sobre el movimiento de la Tierra y los demás planetas en torno al Sol, lo que provocó graves problemas con los teólogos y las creencias de la época. Sus descubrimientos en el sistema heliocéntrico cuestionaban los textos bíblicos y la teoría geocentrista que sostenía que la tierra estaba en el centro y todos los astros, incluido el Sol, giraban en torno a ella.

Hoy puede parecernos increíble que hace cinco siglos su hallazgo cuestionara las creencias y provocara la reacción de toda la sociedad de aquel tiempo. Sin embargo, un cambio de paradigma o creencias deja obsoleta una forma de pensar a la que los escépticos al cambio (la mayoría de los seres humanos) se aferran con todas sus fuerzas, resistiéndose a la idea de concebir una nueva realidad.

Estos cambios de paradigma han sido impulsados por seres humanos brillantes a lo largo de la historia de la humanidad; en el caso de Galileo, sus hallazgos no fueron reconocidos hasta dos siglos más tarde, cuando los poderes políticos y religiosos decidieron aceptar su teoría. Hoy Galileo Galilei es considerado padre de la ciencia y la astronomía moderna por las mismas ideas que antaño estuvieron cerca de costarle la vida.

Hace poco más de un siglo, el profesor Max Plank daba la primera conferencia sobre física cuántica en la Sociedad Física de Berlín, donde formuló que la energía se radia en unidades pequeñas separadas denominadas «cuantos». Sus teorías fueron más tarde desarrolladas por Einstein y otros científicos y Max Plank fue nombrado Premio Nobel de Física en 1918. Hoy en día, tras un siglo de avances en la física cuántica, se puede afirmar que el átomo, a un nivel microscópico, no tiene estructura física, sino energética, es pura luz y no materia, y como energía está conectando todo con todo, de una forma integral; es decir, que todos estamos entrelazados y formamos parte: somos ese campo de energía unificado.

La separación es una ilusión,
estamos unidos a la fuente de la vida.

Y, ¿cómo afecta esto a nuestra vida? Según esta visión de la física, estamos unidos a la fuente de la vida, no estamos separados de nada de lo que ocurre o se manifiesta en nuestra realidad, todos formamos parte del todo. No somos seres «físicos» en esencia ya que nuestra estructura más básica, el átomo, tampoco lo es. Si el átomo es luz, la regla de tres es sencilla: a un nivel esencial nosotros somos esa materia prima, venimos de la luz y estamos impregnados de ella.

Vivimos y formamos parte de una realidad multidimensional, para comprenderlo quizá nos ayude mirar al cielo y contemplar las estrellas, mirar el origen de la creación y sentirnos parte de él. Esta dimensión física es solo una de las realidades posibles, la más densa, la más material, la más separada de la esencia de la que venimos y formamos parte. Solo podemos entenderlo si nos vemos a nosotros mismos desde una visión holística y si estamos dispuestos a desafiar nuestras creencias, cuestionar la historia tal y como nos la han contado y abrir la ventana de nuestra existencia a la luz de la verdad.

Todas las realidades posibles existen simultáneamente, como un tejido entrelazado, pero gran parte de la humanidad vive ajena a estos avances en la forma de concebir la ciencia y la vida, manteniendo vivo un paradigma de creencias que nos mantienen alejados de una forma más amplia de concebir la realidad, creyéndonos separados, limitados, ajenos al poder del pensamiento y de nuestra capacidad creadora, pensando que vivimos al margen de la fuente universal de la abundancia, ignorando que formamos parte de la consciencia universal y suponiendo que la magia de la vida vive fuera de nosotros.

Este paradigma me recuerda el «mito de la caverna» de Platón, como explicación alegórica de la situación en la que se encuentra el hombre respecto al conocimiento. En ella moran hombres y mujeres encadenados junto a un fuego que proyecta sus sombras sobre las paredes de la caverna, considerándolas la única realidad existente.

Platón nos invitaba a pensar lo que ocurriría si uno de estos hombres fuese liberado y obligado a volverse hacia la luz de la hoguera, descubriendo una nueva realidad, apreciando la vida más allá de las sombras de su propia cueva, descubriendo la totalidad de la vida: otros hombres, árboles, lagos, astros, etcétera, viendo por primera vez la luz del Sol y la naturaleza.

Cuando este hombre regresa al interior de la caverna para «liberar» a sus antiguos compañeros de cadenas y contarles que existe otra realidad, que lo que ven es solo una visión limitada de lo que ellos piensan que son, todos se ríen de él. Piensan que sus ojos han sido dañados al haber sido expuestos a la claridad del Sol. Cuando intenta desatarles para que ellos mismos contemplen la vida desde la luz, estos muestran su resistencia y hasta amenazan con matarlo. Eligen permanecer en el mundo conocido de las sombras.

El mundo no ha cambiado tanto en el interior de la mente humana, seguimos siendo reacios al cambio por naturaleza, seguimos habitando ese rincón de creencias limitantes. Ahora ya no pensamos que la Tierra es plana o que somos el centro del universo, pero nos resistimos a comprender la magnitud de la vida, a contemplar la similitud del ser humano y el universo que la nueva física y la moderna astronomía han puesto ya de relevancia y que afecta directamente a la manera en la que concebimos y creamos nuestras vidas.

Más allá de nuestras creencias y la limitación de nuestros pensamientos, existe una realidad imposible de concebir sin estar dispuestos a ampliar la perspectiva, a salir de la caverna y mirar a un nuevo horizonte, a querer ver más allá de las sombras que hemos considerado la realidad y a dejarnos sorprender por una existencia que presenta posibilidades infinitas.

Crea más allá de las creencias

¿Cuál es tu propia caverna de Platón? ¿Qué das por sentado en tu vida y estás cerrado a cambiar de perspectiva? ¿En qué áreas de tu vida o circunstancias te empeñas en tener la razón? Reflexiona durante unos minutos sobre creencias en tu vida que te resulten incuestionables, aquellas a las que te aferras con todo tu ser, y permítete durante un momento el beneficio de la duda. ¿Qué ocurriría en tu vida si alguna de esas creencias incuestionables dejara de serlo y te abrieras a percibir la realidad desde una nueva perspectiva?

Este es el viaje que te propongo a través de la lectura de este libro, es un viaje para ver e imaginar más allá de todo lo que has considerado «real», para ampliar horizontes y vislumbrar nuevas perspectivas. Lo más importante y casi lo único que necesitas es estar dispuesto a aventurarte en el lado desconocido de la vida.

¿Quién soy yo?

El cuerpo humano es vapor,
materializado por la luz del Sol
y mezclado con la vida de las estrellas.

PARACELSO

Todo a nuestro alrededor es un campo de energía que estamos empezando a comprender gracias a la expansión de la física cuántica. La conexión consciente a esa fuente de energía vital amplifica nuestra experiencia, eleva nuestro pensamiento y unifica nuestro corazón. Formamos parte de algo más grande, somos parte de una fuente inagotable de energía. Somos energía. Estamos rodeados de energía. Venimos de una fuente universal que muchos han calificado como energía suprema, Dios, Fuente de vida, Universo, Consciencia universal. Ese es el origen de lo que somos.

La ciencia ha comprobado que nuestro cuerpo es 99,99% espacio vacío y que estamos hechos a imagen y semejanza del universo, que somos la representación perfecta de ese macrocosmos a un nivel más pequeño, un microcosmos que contiene la potencialidad pura. Somos la misma esencia que existe desde el comienzo de la creación. Max Planck explicaba: «La materia concreta es mera apariencia. No existe la materia en sí. Toda materia nace y permanece únicamente en virtud de una fuerza que pone en vibración las partículas atómicas y las mantiene vinculadas semejando al más pequeño sistema solar del mundo». La realidad existe en distintos niveles de consciencia o vibración. Einstein decía: «cuanto más estudio la electricidad, más cerca me encuentro del espíritu». Cuando encarnamos, elegimos transitar distintas experiencias con el fin de realizar un viaje evolutivo, esto nos conduce a vibraciones o estados emocionales más bajos para ayudarnos a experimentar y trascender nuestras limitaciones, para vivir separados de nuestra esencia y buscar, a través de la experiencia, la *re-unificación* con la fuente. Para vivir más y más alineados con la vida, en estados del ser más conscientes.

En este viaje de autorrealización y crecimiento que la vida nos proporciona se nos da la oportunidad de viajar desde el ego hacia el ser, desde la limitación a la expansión, desde la ignorancia a la consciencia. A mí me gusta llamarlo viaje evolutivo, porque es un viaje de descubrimiento de nuestro potencial, un viaje en el que nos hacemos a nosotros mismos, nos mejoramos como seres humanos, y ese me parece el propósito más elevado de la existencia.

El ego lleva el control sobre nuestra vida hasta que comenzamos a ser conscientes de ello, pero hasta ese momento no sabemos nada acerca del ego, no sabemos nada acerca de nuestra identificación con él. Entonces, ¿cómo despertar de ese sueño si ni siquiera sabemos que estamos soñando?

Vivir en un estado de inconsciencia inconsciente significa que nos identificamos únicamente con el cuerpo físico y no concebimos que exista la realidad más allá de él. Creemos lo que vemos, que la realidad es tal y como se nos muestra. No existe para nosotros una realidad trascendente. Estamos identificados con nuestros instintos primarios y la necesidad de supervivencia, considerando «real» solo lo que podemos experimentar a través de los cinco sentidos. Se dice que este es un estado de ensueño. Que estamos dormidos porque no somos conscientes de nuestra grandeza. Somos guiados por la personalidad y no contemplamos formas más profundas de entender y vivir la vida.

Pero no por mucho tiempo, que tengas este libro en tus manos es un indicio de tu voluntad de despertar, seas o no consciente del papel de tu ego en tu vida, sabes que eso no es lo único que existe, intuyes que esta experiencia vital tiene que ser otra cosa, seguramente, tu alma está llevándote de la mano, guiando tus pasos en estos instantes. Confía, ya has comenzado a transitar tu despertar.

Diario de una estrella

Uno de los ejercicios más importantes que puedo recomendar en el camino hacia el despertar es llevar a cabo un diario matinal, así que voy a proponerte que, durante la lectura de este libro y por un tiempo mínimo de dos meses, lleves a cabo esta práctica de escritura nada más te despiertes por la mañana.

Las reglas del diario son las siguientes:

* Escribe todo lo que pase por tu cabeza, sin pensar, hazlo en tu cama, no pongas un pie en el suelo sin haber escrito en tu diario, haz este compromiso contigo mismo.
* Incluso cuando no sepas qué escribir, escribe: «Hoy no sé qué escribir...» (verás como ese solo es el comienzo de una nueva frase).
* Apunta todo lo que pase por tu mente, un sueño si lo recuerdas, cómo te sientes, lo que quieras, todo lo que surja de tu interior. Siente cómo te «vacías» a través de la escritura.
* Ten un cuaderno que uses exclusivamente para este propósito y para llevar a cabo los ejercicios propuestos en este libro. Si crees que puede ayudarte, en la

primera página firma un compromiso contigo mismo de que vas a escribir cada día. Detalla también tu intención de escritura diaria y la duración del ejercicio, con la fecha de inicio y fin.

- Escribe un mínimo de dos páginas grandes, si tu libreta es similar al tamaño Din-A4, o cuatro páginas si tu libreta es pequeña.
- No abandones la práctica aunque una voz dentro de ti te diga «esto no sirve para nada» o «estoy perdiendo el tiempo». Apunta todas esas voces que surgen cuando escribes.
- Ten la voluntad de poner tu despertador veinte minutos antes o el tiempo que necesites para llevar a cabo esta práctica.
- No leas nada de lo que escribes y no compartas tu diario con nadie. Tu diario es exclusivamente tuyo y ha de servir para que te expreses libremente, para poner en él absolutamente todo lo que se te ocurra.

Este es un ejercicio para tomar consciencia de todo lo que existe dentro de ti, para vaciarte y comenzar liberado el nuevo día.

La fuerza vital

Nada descansa, todo se mueve, todo vibra.

EL KYBALION

El prana es la energía vital que fluye a través de nuestro cuerpo. Es el alimento de la vida. La fuerza del universo circulando a través de nosotros.

Las fotografías Kirlian han demostrado como el cuerpo energético gobierna nuestro cuerpo físico. En un sentido más amplio, no somos solamente un cuerpo físico. Este cuerpo está rodeado de energía y la energía fluye a través de él.

Las medicinas tradicionales de oriente lo saben desde siempre y han tratado al ser humano desde un punto de vista holístico, a través del cual entienden que todos los órganos del ser humano están conectados entre sí, que tenemos centros energéticos en nuestro cuerpo que regulan y gestionan la energía del mismo y lo mantienen saludable.

El ser humano es entonces un todo conectado con la magia del universo; como decía el poeta estadounidense Max Ehrmann en su famoso poema «Desiderata»: «Sé gentil contigo mismo. Tú eres un hijo del universo, no menos que los árboles o las estrellas. Mantente en paz con tu alma en la ruidosa confusión de la vida».

Os invito a subir a un globo aerostático para ver vuestro cuerpo desde más arriba, desde otra perspectiva. Desde dónde estamos ahora vemos a nuestro cuerpo como una masa densa, que contiene los órganos vitales que nos mantienen con vida, en donde cada órgano de nuestro cuerpo cumple una función física y permite a nuestro organismo funcionar con naturalidad.

Desde nuestro globo, cada parte de nuestro cuerpo está dotada de una función energética; desde esta perspectiva, este cuerpo está rodeado, impregnado y atravesado por corrientes de energía que lo mantienen con vida y podemos afirmar que un cuerpo sano es aquel que se nutre por fuentes de energía saludables. Es de vital importancia revisar cómo respiramos, cómo nos alimentamos, cómo nos relacionamos con los demás, cómo cuidamos nuestro cuerpo, qué imagen tenemos de nosotros mismos. Un cuerpo sano es aquel en el que la fuerza vital, el prana, la respiración, fluye, impregnando cada célula de esa fuerza viva y llena de amor por la vida. De amor por sí mismo.

Lo que le ocurre a nuestro cuerpo cuando enfermamos, visto desde esa misma perspectiva, es que el prana no puede llegar a todos los rincones de nuestro cuerpo, nuestros senderos de energía se encuentran bloqueados por algún motivo (pensamientos negativos, inseguridad, lucha, resistencia, baja autoestima, etcétera). La falta de estas corrientes de energía es lo que los médicos denominan enfermedad.

Esta teoría no es nueva, las medicinas tradicionales de oriente han considerado desde la antigüedad que el cuerpo humano esta interrelacionado con su mundo interior y exterior. La calidad de esas experiencias, como hemos visto anteriormente, se reflejan en nuestra salud y nuestra forma de vivir la vida.

El cuerpo es un instrumento maravilloso
para la evolución del alma,
pero no solo somos ese cuerpo.

El ser humano está totalmente identificado con la experiencia física de la vida y lo experimenta de forma pragmática: la vida es esto, esto y esto otro. Concebimos que la vida es un tránsito entre el nacimiento y la muerte y sostenemos una visión plana, estrecha y limitada de la realidad.

Los libros clásicos de las religiones más antiguas de la Tierra, el Bhagavad Gita, texto sagrado del hinduismo entre ellos, sostienen desde hace miles de años que somos seres espirituales viviendo una experiencia física y no al revés. Nuestro cuerpo es un envase maravilloso de algo más grande, conectado a gran escala con la inteligencia universal y la magia del universo.

Somos, en nuestro interior, ese campo de espacio vacío e inteligencia ilimitada, la manifestación física de la potencialidad pura, seres llenos de posibilidades, capaces de crear todo cuanto deseemos en la vida porque estamos literalmente conectados con esa fuente de creación suprema y universal.

Somos uno, uno con la magia de la vida y con todo y todos los que nos rodean, somos lo mismo, el mismo potencial, la misma magia, la misma esencia. Todos y cada uno de nosotros tenemos en nuestro interior la misma materia prima, las mismas posibilidades de autorrealización, y esa autorrealización no es más que el proceso de convertirnos en lo que realmente somos, más allá de nuestras creencias y nuestras limitaciones.

Hasta ahora te has concebido como un ser humano de carne y hueso. ¿Qué le ocurre a tu consciencia cuando te imaginas que formas parte de algo más grande?, ¿qué le ocurre a tu cuerpo cuando te dices a ti mismo que estás conectado a una fuente inagotable de recursos, sabiduría y potencial?

Eres más, infinitamente más de lo que ahora consideras que eres. Infinitamente más bello, más poderoso, más creativo y más puro de lo que nunca hayas podido imaginar.

Meditación «La luz de mi interior»

Cierra los ojos y respira profundamente. Respira de forma pausada, sin prisas, sin ansias, respira de forma natural. Pon tu mano derecha en el corazón y siente cómo tu pecho se expande con cada inhalación, siente la vida vibrando a través de ti, siente todo tu ser vivo, permítete habitar esa experiencia de vida por un momento. Siente la respiración en cada célula de tu ser, siente la vida recorriendo todo tu cuerpo, respira y expándete como un globo y relájate en la exhalación.

A continuación, comienza a respirar de forma circular, esto es, conecta cada inhalación con cada exhalación y hazlo durante cinco minutos; mientras llevas a cabo este ejercicio, permanece presente diciendo la siguiente frase: «La luz de mi interior me guía en mi despertar». Mantente en esa misma posición respirando durante estos minutos, mantente concentrado en el ritmo de tu respiración conectada y sigue pronunciando esta frase dentro de ti: «La luz de mi interior me guía en mi despertar».

Respirar la vida

Si en algún momento del día o mientras lees este libro sientes una molestia o dolor en alguna parte de tu cuerpo, dirige la respiración a esa parte, concéntrate en ella visualizando una luz brillante como símbolo de purificación y amor por esa parte de tu ser que está pidiendo ser escuchada.

Quédate un rato en silencio visualizando esa luz pura en tu interior y respirando a la vez, nota cómo le afecta este gesto a tus emociones, cómo te sientes.

Puedes aplicar esta técnica cada vez que tengas algún dolor o molestia, no importa en qué parte del cuerpo. Luz y respiración son dos grandes componentes de nuestro ser y dos enormes instrumentos de autosanación.

Los estados del ser

Yo no soy mi cuerpo; soy más.
Yo no soy mi habla, mis órganos:
el oído, el olfato; eso no soy yo.
La mente que piensa, tampoco soy yo.
Si nada de eso soy, entonces , ¿quién soy?
La conciencia que permanece, eso soy.

RAMANA MAHARSHI

Hemos heredado un paradigma de creencias basadas en el esfuerzo y el sacrificio, todo cuesta mucho porque creemos que la vida es dura, habitamos un patrón de carencia que nos impulsa a hacer compulsivamente, sin parar, para sentirnos alguien. Ese comportamiento que nos impulsa a tener y acumular está basado en la inseguridad, en la escasez y en la creencia de que si tenemos más seremos más, más valiosos, más amados, más aceptados por nuestro entorno. El ego busca el reconocimiento externo porque no sabe que todo tu potencial está en el interior.

En este estado percibimos una visión limitada de la existencia, pensamos que la vida solamente es un tránsito entre el nacimiento y la muerte, vivimos en un estado de limitación y separación constante, nuestro pensamiento está permanentemente viajando entre el pasado y el futuro, estamos dominados por un tipo de pensamiento repetitivo, negativo y limitante que condiciona nuestras experiencias. Hablamos y actuamos desde el juicio, la dualidad y el control y actuamos en la vida impulsados por pensamientos de carencia, inseguridad y miedo.

En términos de energía, «vibramos» de forma más negativa y, por lo tanto, más baja; este estado es el origen de enfermedades físicas, psicológicas y emocionales.

El viaje evolutivo es el recorrido que existe entre el ego y el ser, entre el estar dormidos y el despertar, entre la carencia y la abundancia, entre la limitación y la expansión, entre el esfuerzo y la facilidad, entre el hacer y el ser, entre el juicio y la aceptación, entre el miedo y el amor incondicional.

El objetivo de nuestro viaje
es la toma de consciencia.

Venimos a experimentar la vida en su totalidad para ser desde el ser y reivindicar nuestra unión con lo supremo, lo divino y lo ilimitado. Como en cualquier viaje, lo más importante radica en disfrutar de cada etapa del camino, del aumento de nuestro estado de consciencia, de los pequeños «darnos cuenta» que comienzan a sucedernos y que alumbran nuestra vida. La toma de consciencia es un recorrido, no un destino, pero es importante saber hacia dónde estamos yendo para no perder el rumbo ni la perspectiva.

La «conciencia», del latín *conscientia*, significa «conocimiento», pero es diferente de «consciencia», que se define como el conocimiento que un ser tiene de sí mismo y de su entorno, se refiere al conocimiento que el espíritu humano tiene de su propia existencia, estados o actos.

En ese estado del ser, vivimos la vida de forma plenamente consciente, es decir, sabemos que habitamos un cuerpo pero somos mucho más que eso; honramos nuestros cinco sentidos, cuidamos nuestra salud y amamos la vitalidad que nuestro cuerpo nos proporciona pero somos conscientes de un sexto sentido que nos guía en la dirección de nuestros anhelos más profundos, que dota de sentido nuestras vidas, que nos aconseja como una brújula interior por donde seguir nuestro camino. Ese sexto sentido al que llamamos intuición, es el sentido del espíritu, es una voz que siempre ha estado ahí pero que no podemos escuchar desde la corriente de la prisa en la que la sociedad funciona y que está dirigida por los impulsos del ego.

Un ser humano consciente es aquel que se reconoce eterno y sabe que la vida es infinita, vive la vida con una perspectiva de prosperidad y abundancia y eso es lo que atrae permanentemente, sabe que en su camino cualquier inconveniente le brinda una oportunidad de aprendizaje y posee un gran sentimiento de confianza y unidad con la vida. Predomina la alegría en su existencia, su pensamiento es positivo, creativo, y la relación consigo mismo y con lo que lo rodea está basada en el amor.

El proceso del despertar implica un viaje desde el estado inconsciente, la identificación con el ego y el miedo, a una forma expansiva de entender la vida, en la que reconocemos todo nuestro potencial y podemos contemplarnos desde una perspectiva más amplia, en la que nosotros creamos nuestra propia realidad y somos conscientes de la importancia de nuestro equilibrio físico, emocional, mental y espiritual.

Tomar consciencia

Para tomar consciencia del punto de partida en el que nos encontramos en nuestro viaje hacia el despertar tenemos que comenzar por escuchar lo que ocurre en nuestro interior. Escuchar nuestras voces internas.

Permanece en silencio durante diez minutos en una postura cómoda. Haz una respiración profunda y lenta y observa como el aire entra y sale de tu cuerpo. Inspira un par de veces más lenta y profundamente, expira relajando tu cuerpo y disfrutando de ese momento de calma y serenidad.

Este es un ejercicio para tomar consciencia de la presencia del ego en tu vida y para que a través de la toma de consciencia de su existencia puedas comenzar a librarte de todos aquellos pensamientos y actitudes que ya no deseas en tu vida.

Ahora disponte a escuchar esas voces dentro de ti, hazte consciente de ellas, no las juzgues, solo obsérvalas, algunas de ellas serán repetitivas, no te identifiques con ellas, no las sigas, solo obsérvalas.

Te animo a realizar este ejercicio tres veces al día durante cinco minutos, una vez por la mañana, otra por la tarde, otra por la noche. Este es un poderoso ejercicio para tomar consciencia de tus voces y del poder de observarlas sin identificarte con ellas. Si lo practicas a menudo llegarás a hacerlo de forma inconsciente y serás «testigo» de esas voces, lo que aumentará más y más y acelerará tu proceso de despertar.

El tiempo natural

Aquella agua fluía y fluía sin cesar,
y a la vez estaba siempre ahí,
¡era siempre la misma aunque
se renovara a cada instante!

HERMAN HESSE

Vivimos en la era del tiempo, la comunicación y la tecnología, y parecemos tener menos tiempo que nunca, llevamos la inercia de la prisa en el cuerpo, nuestra existencia está medida por un reloj que no lleva en su memoria la sintonía del ser humano con el tiempo natural. La Escuela Rinzai nos lo recuerda así: «Deja de correr. ¿Qué te falta?»

Le arrancamos minutos a nuestros relojes día tras día, nos levantamos con prisa, trastornamos nuestras horas de sueño y descanso, comemos a todo correr, trabajamos rápido para cumplir todas las tareas y citas de nuestras agendas, sumergidos en una espiral que nos agota y nos vacía interiormente, no paramos, no nos escuchamos, no satisfacemos nuestras necesidades reales, así que la solución es seguir corriendo y llenando huecos compulsivamente: comprar, consumir, comer. ¿Qué nos falta?

La naturaleza nos da lecciones sabias acerca del tiempo y los ritmos naturales; para percibirlo, primero tenemos que parar esta inercia de velocidad que nos mantiene acelerados. Parar este ritmo que prioriza el hacer y el producir por encima del ser y del vivir. El tiempo natural está en nuestro interior a pesar de que lo hayamos olvidado y la forma de reconocerlo es disfrutar de todo lo que ocurre en cada instante, de pararnos a contemplar el milagro de la vida momento a momento.

Nuestro cuerpo contiene la memoria de los elementos dentro de sí, el ritmo vital de la naturaleza. Es por eso que sintonizamos con el vaivén de las olas del mar y nos relaja su presencia, disfrutamos de la sencillez del viento acariciando nuestra piel, nos quedamos embelesados junto al fuego o sentimos nuestras raíces ancestrales caminando descalzos en la tierra. Todo ello nos evoca un recuerdo de unidad, de conexión con el origen.

Cuando nos miramos a nosotros mismos y a lo que nos rodea a través de ese tiempo, de ese ritmo vital, podemos amplificar nuestra experiencia y percibir una corriente sutil que está ocurriendo en ese mismo instante y que no podemos percibir desde la corriente de la prisa: la vida.

Estar presentes, ser conscientes de la vida en cada instante, acompañar cada experiencia de ese tempo natural nos devuelve el equilibrio, el bienestar físico, mental, emocional y espiritual, el balance cuerpo-mente y la alegría.

La relación más importante que todos tenemos es con la vida.

En la simplicidad de las pequeñas cosas encontramos el gran sentido de la vida. Cada día, a cada instante, se nos muestra lo más bello y verdadero de esta existencia. Es en realidad muy simple, el ser humano tiene la costumbre de complicarlo, pero es esencial e invisible a los ojos. Sintonizar con la magia de la vida, con el momento presente, con los ciclos de la naturaleza, nos ayuda a reconocer ese tempo en nuestro interior, a escuchar nuestro cuerpo y darle lo que necesita en cada instante: sueño, descanso, alimento, aire fresco, agua, movimiento.

Contemplar a nuestro alrededor el paso de las estaciones del año y sus enseñanzas, nos muestra como mimetizarnos con el florecer de la primavera, la exaltación del verano, el cambio de piel del otoño y el recogimiento del invierno. Nos invita a celebrar la vida y sus ritos de paso, sus momentos de júbilo y duelo y a transitar por esta existencia sin olvidar qué ocurre a cada instante, en un tempo pausado marcado por el latir de nuestro corazón.

Regresa a la naturaleza tanto como te sea posible, conecta con el agua de las mareas o la corriente de los ríos, bebe agua de los manantiales, pasea por la montaña y observa los árboles, únete a ellos, abrázalos, deléitate de los paisajes cercanos a tu pueblo o ciudad y visítalos a menudo, siente el viento en la cara, la caricia del sol en tu piel, la fuerza de los elementos dentro de ti. Siente ese ritmo natural, recupera tu ritmo vital.

Este ritmo está en nuestro interior de forma innata, natural, espontánea, fresca y sencilla, ocurre de forma natural en el ciclo menstrual de la mujer, ocurre en las estaciones del año y en el transcurso del día y la noche, en la rotación de la Tierra alrededor del Sol y en las eras que marcan el tiempo en el universo. Simplemente ocurre y somos parte de él, lo único que necesitamos es sintonizarnos de nuevo con este tiempo natural que nos recuerda que la vida ocurre a cada instante. Somos vida.

El tiempo es vida

Haz una breve pausa en tu lectura y tómate un respiro. Acude a tu espacio sagrado y adopta una postura cómoda y relajada. Cuando estés preparado, cierra los ojos y respira profunda y lentamente.

Permítete llegar a este momento, habitar el instante presente y poner toda tu consciencia en este ejercicio. Relájate y respira, inspira lenta y profundamente, inspira vida. Al expirar, hazlo de forma lenta y profunda, relajadamente, soltando todas las tensiones que sientas en tu cuerpo.

Dedícate por un instante a sentir como estás viviendo tu vida, permite que esa sensación te inunde por un momento, siente la vida a través de ti, a través de tus manos, tus piernas, el tronco, el plexo solar y el corazón. Siéntete vivo y llena tus pulmones de aire, plena y profundamente.

¿En qué estado estás viviendo tu vida? Siente las respuestas dentro de ti, visualiza tu despertar por la mañana. ¿Cómo es?, ¿cuál es la primera cosa que haces al levantarte?, ¿cómo es la inercia que te impulsa cada día?

Tómatelo todo con calma, imagina que acabas de despertar y tienes todo el día por delante, puedes hacerlo todo igualmente pero de una forma pausada y conectada con tu ser. Imagina tu día por unos instantes, actuando desde la calma y la serenidad de tu ser, haciendo cada tarea con consciencia y disfrute, llevando a cabo cada labor con presencia y escuchando el ritmo de tu respiración.

Siéntelo dentro de tu cuerpo, tómate tu tiempo para sentir y escuchar los mensajes que tu interior te envía y comienza a aplicar una nueva disciplina de calma, silencio y escucha en tu vida.

Intimidad

Quien conoce a los demás es inteligente.
Quien se conoce a sí mismo es sabio.

LAO TSE

Neale Donald Walsh nos recuerda en «Conversaciones con Dios» que: «Si no vas hacia dentro, vas hacia fuera». Ir hacia dentro supone reconocer tu capacidad para dirigir tu vida, para marcar el rumbo e ir en la dirección que deseas. Todas las respuestas que necesitas están en tu mundo interior.

Dentro de nosotros existe un enorme espacio interno de potencialidad y creatividad, un espacio al que no solo no solemos acceder, sino que nos empeñamos en ignorar.

A pesar de que este espacio está dentro de nosotros, profundamente arraigado en nuestra esencia y pleno de significado, tenemos la inercia de acumular conocimiento externo, de buscar afuera las respuestas, la sabiduría, de formarnos y deformarnos llenándonos de información.

Un estudio científico ha demostrado esta proporción: cuanto menor es la cantidad de información y recursos, mayor es el potencial del ser humano de encontrar soluciones. Entonces, las respuestas a nuestra propia vida no están afuera, sino adentro, las soluciones a nuestros enigmas y conflictos vitales están más cerca de lo que imaginamos, pero las hemos ido enterrando bajo capas de información, conocimientos y creencias.

Conocimiento no es sabiduría.

Se nos educa desde la infancia a desatender los instintos naturales, a esconder parte de nuestra naturaleza, a buscar soluciones y a aprender de los estímulos externos. Nadie nos enseña a habitar ese espacio interior, trascendente y lleno de sabiduría que mora dentro de nosotros, ese lugar de calma y serenidad, de respuestas, de valiosos hallazgos para la vida. En ese espacio anida el potencial puro que poseemos para crear la vida que deseamos.

La palabra intimidad viene del latín *íntimus,* superlativo de *interus*: la esfera más reservada del espíritu de una persona, de un grupo o de una familia.

La intimidad es un regreso hacia la mirada introspectiva, una mirada para ver dentro de ti; cuando miramos hacia dentro y descubrimos lo que realmente somos, nos estamos viendo a través de los ojos de la totalidad, de los ojos de la creación, de los ojos de Dios.

Para conocernos a nosotros mismos tenemos que pasar tiempo con nosotros mismos, de la misma manera en que lo hacemos cuando tenemos interés en conocer profundamente a otra persona y queremos estar con ella, queremos conocerla, queremos hacerle preguntas y escucharla.

Mirar hacia dentro es el primer paso para reconocer lo que verdaderamente somos, para encontrarnos a solas con nosotros mismos y recuperar la consciencia de nuestro ser. Este acto supone un profundo cambio de perspectiva, un reencuentro con nuestra naturaleza. Supone alejarnos un paso de la identificación con la mente, el ruido incesante, el pensamiento compulsivo y acercarnos un paso a la quietud interna, a la totalidad, a la magia de la vida en el momento presente.

Contemplarnos, echar una mirada al interior es de por sí un acto creativo. En la inmensidad del espacio vacío de nuestro interior aguarda todo nuestro potencial para ser manifestado, esa luz brillante que apenas podemos ver está precisamente ahí, en el núcleo, en el centro, en el corazón de lo que tú eres, de lo que todos somos.

La mayoría de nosotros estamos tan identificados con el pensamiento incesante que ni siquiera nos damos cuenta de él. Somos el pensamiento mismo. Mientras no nos damos cuenta de que nuestra vida está gobernada por pensamientos inconscientes, automáticos, repetitivos, no podemos frenar esta dinámica que se perpetúa a sí misma.

Para muchos de nosotros, esta dinámica ha de llegar al extremo de ser insoportable antes de que decidamos hacer algo al respecto, antes de que deseemos recuperar el equilibrio y reencontrar un espacio de paz y tranquilidad, y para ello necesitamos el silencio, el alejamiento del mundanal ruido, de las tareas de la vida cotidiana, necesitamos reservar un espacio de intimidad con nosotros mismos, un espacio para poder escucharnos. Pitágoras lo expresaba de la siguiente manera: «Escucha: serás sabio; el comienzo de la sabiduría es el silencio».

En ese espacio de intimidad contigo, estás creando una oportunidad para reconocer tu grandeza, para vibrar con la vida y para despertar la esencia divina de tu interior. Tomar consciencia de ese espacio interior, de nuestro ser, es el comienzo del despertar. La consciencia es el despertar del Dios interior, el reconocimiento de la divinidad dentro de nosotros, es un darnos cuenta profundo que toca la esencia de lo que somos y que nos ayuda a descubrir lo que estamos llamados a ser. Ese es el comienzo de la libertad.

Ser testigo

Tómate unos minutos, recurre a tu espacio sagrado, siéntate cómodamente y enciende una vela, relájate y respira profunda y serenamente durante unos segundos.

Dedícate cinco minutos, prepara una alarma para cronometrar el tiempo y siéntate tranquilamente a observar los pensamientos. Escucha lo que ocurre en tu interior. Date un espacio para estar a solas y en silencio contigo. Recuerda que no eres ninguna de esas ideas o creencias y que la actividad de la mente es crear pensamientos incesantemente, pero tú no eres ninguno de ellos, sino la consciencia que los observa. Simplemente obsérvalos y disfruta del proceso de ser testigo de lo que ocurre.

Si te distraes o tu mente vuela sin que te des cuenta, invítala a regresar a la calma, hazlo como si fuera un niño, hazlo con toda la ternura, practica el amor por ti mismo, invita a tu mente a regresar a la calma y sigue con el ejercicio.

Siente tu respiración, vuelve a ese estado de mirar adentro, de conectar con la grandeza de tu ser, de ver y sentir más allá del pensamiento. En el presente eres uno con la vida.

Te propongo llevar a cabo este ejercicio cada día, y que vayas aumentando el tiempo cada semana. La primera semana, cinco minutos al día; la segunda semana, diez minutos; la tercera, quince minutos... hasta que consigas meditar durante el tiempo que sea cómodo para ti y te resulte satisfactorio.

Establece este hábito como una rutina en el calendario y no te lo saltes. Este es un tiempo sagrado que te regalas.

Presencia

El futuro nos tortura y el pasado nos encadena.
He aquí por qué se nos escapa el presente.

GUSTAVE FLAUBERT

En este mismo instante, en este momento no hay posibilidad alguna para sentirse limitado. Este es un pensamiento poderoso que podemos aplicar en cada momento de nuestra vida cotidiana.

El momento presente, el ahora, tiene el potencial de concentrar toda nuestra atención en lo que ES; en este momento, si paramos el mundo y la inercia que nos mantiene todo el día pensando de forma automática y repetitiva, realizando tareas de un lugar para otro, si paramos por un instante, ese instante es, en sí mismo, la totalidad.

«Estar en nosotros mismos» significa estar en el momento presente, y estar en el momento presente es una invitación a formar parte del flujo incesante de la vida. La cualidad del momento presente es que SOMOS, no tenemos miedo porque no estamos proyectando nuestra existencia en el futuro y no experimentamos limitación porque no estamos basando nuestra experiencia en el pasado. En el presente estamos más allá de las expectativas y las proyecciones del ego. Más allá de las imágenes mentales de nosotros que nos limitan.

Cuanto más estamos de forma consciente en el momento presente, más se nutre y germina nuestro estado de consciencia. Este estado se alimenta observando el pensamiento. «Observar» significa ser testigo del pensamiento, no el pensamiento mismo.

Observar es hacer consciente lo inconsciente.

Cuando nos convertimos en testigos, nos hacemos conscientes de la cantidad de voces que ocurren incesantemente en nuestra mente y, al hacerlo, nos damos cuenta del espacio que existe entre esos pensamientos. Ese instante que ocurre entre pensamiento y pensamiento es consciencia. Es presencia. Es pura potencialidad. Es el ser.

Un libro para mí revolucionario sobre la consciencia del momento presente ha sido *El poder del ahora,* y llevarlo a la práctica supuso para mí la primera y verdadera experiencia de no identificarme con todas las voces, ruidos, juicios y pensamientos que acudían a mi mente.

En ese estado de presencia que Eckhart Tolle nos propone, en ese poderoso momento que es el ahora, se nos muestra la experiencia de ser sin todo lo que nos creemos que somos. Se abren nuevas dimensiones que ya no están basadas en nuestra forma de pensar, o en el pasado o en cada una de las voces que limitan nuestras experiencias. Muy al contrario, estar en el presente nos regala un momento de total libertad, de empezar a ser una persona nueva en ese mismo instante, de reconocer que no somos ninguna de esas voces, no somos el ruido que fluye en nuestra mente sin cesar.

Tolle nos recuerda que «Hay un criterio que te permite medir el éxito logrado en la práctica de la presencia: el grado de paz que sientas en tu interior».

Cuanto más practicamos el estado de presencia y de testigo, más sencillo nos resulta observar esos pensamientos sin formar parte de ellos y ese acto es como plantar una semilla en nuestra mente. Podemos regar esa semilla disfrutando de todo lo que hacemos, de cada pequeño instante que vivimos, empapándonos de esa fuente de vida y consciencia. Existimos más allá del ayer y del mañana. Más allá de la limitación y el miedo. Más allá de la separación. En ese momento somos uno con el presente, con la vida y con la eternidad.

Habitar el presente

Tu capacidad para habitar el momento presente se encuentra en cada instante y no es necesario recurrir a la meditación estática para ello.

Pon toda tu consciencia en cada actividad que realices en la vida cotidiana: la ducha de la mañana, lavarte los dientes, preparar el desayuno, conducir, leer un libro, vestirte, trabajar. ¡La vida trascurre a cada instante!

En cualquiera de estas actividades, respira, presta atención a cómo te sientes: ¿Estás ansioso y acelerado o estás disfrutando de la experiencia? ¿Tu mente está hiperactiva o estás plenamente entregado en la tarea?

Siente cada una de las sensaciones corporales que la tarea te proporciona: el agua de la ducha recorriendo tu cuerpo, la caricia de un tejido sobre tu piel, la sensación de frescor de la pasta de dientes, la respiración mientras preparas algo para comer, etcétera. Sé consciente de la sensación corporal y de lo que ocurre en tu mente y habita por completo ese momento.

¿Qué pensamientos acuden a tu mente? Sé consciente de ellos. Obsérvalos, míralos de reojo, no te identifiques con lo que piensas, no eres ninguno de esos pensamientos, sé la consciencia que los observa.

Con el tiempo y el hábito de esta práctica, comprobarás que estar en el momento presente ¡te hace sonreír!

Sabiduría interior

Busca la respuesta en el mismo
lugar de donde vino la pregunta.

(Proverbio sufí)

Quiero invitarte a viajar a otros lugares de ti que desconoces y en donde mora toda la sabiduría que necesitas para vivir tu vida. La mayoría de los seres humanos vivimos expresando solo una pequeña parte de nuestro potencial y, en muchos casos, la parte más brillante de nuestro ser permanece en la oscuridad.

Imagínate que eres una gran biblioteca pero no sabes cómo acceder a ella. Dentro de ti existe la colección de libros más antigua y fascinante que hayas podido imaginar jamás. Dentro de ti habitan los volúmenes más preciados y los conocimientos que siempre has deseado tener. Hay una parte de ti que intuye que toda esa sabiduría tiene que estar en algún lugar.

Cada vez que resuenas con algo que lees o con algo que alguien te dice, cada vez que un mensaje llega a ti y te impacta es porque tú ya conocías anteriormente ese mensaje, pero lo habías olvidado. Para acceder a esa fuente inagotable de conocimiento necesitas una llave, y esa llave solo puedes encontrarla profundizando en el contacto que ahora tienes contigo mismo.

Según Platón y su teoría de la reminiscencia, «conocer es recordar». Adquirir conocimiento consiste en recordar lo que el alma sabía antes de encarnar, cuando habitaba en el mundo inteligible de las ideas antes de caer al mundo físico y quedar encerrada en el cuerpo. Nuestra conexión con ese saber milenario está dentro de nosotros.

La intuición es la llave
que abre la puerta de tu sabiduría.

La intuición, ese sexto sentido que nos guía en la vida, es el sentido del ser. Los otros cinco sentidos: tocar, ver, oler, gustar y escuchar pertenecen a nuestro cuerpo físico y los utilizamos para amplificar las experiencias. Para hacerlas más tangibles, más reales.

La intuición, sin embargo, permanece dentro, invisible, intangible y, a la vez, está íntimamente ligada con la sabiduría que mora en nuestro interior, es la fuente de la que emanan nuestros presentimientos, certezas y corazonadas.

Nuestra intuición está constantemente enviándonos mensajes, nos indica torcer en una dirección o en la otra, nos incita a conocer a determinadas personas, a seleccionar determinados libros o películas, nos invita a tomar ciertas decisiones. A veces sentimos una certeza inexplicable antes de hacer algo, sabemos que viene de un lugar con ausencia de dudas, un lugar de total seguridad. Ese lugar es nuestra intuición.

Decía Albert Einstein que «la mente intuitiva es un regalo sagrado y la mente racional es un fiel sirviente. Hemos creado una sociedad que rinde honores al sirviente y ha olvidado al regalo».

Entonces, llegados a este punto, ¿cómo hacerla más consciente y más presente?, ¿cómo incrementarla?, ¿cómo afinar nuestra percepción para estar más abiertos a recibir?

Hemos de empezar por ser conscientes de que estamos recibiendo mensajes constantemente y apreciar y agradecer que este flujo de información está ya ocurriendo en nuestra vida. Cuando seguimos las respuestas recibidas, el flujo de información se fortalece y nos preparamos para recibir más. Es como confirmarle al universo: te escucho y sigo tus pasos. Lo contrario contrae el flujo creativo. Si recibimos señales pero no ejercemos ninguna acción para llevarlas a cabo, los mensajes cesan o se vuelven más discretos.

Además, debemos reconocer nuestra capacidad de recibir y honrar esa capacidad, reconocernos merecedores de recibir esa valiosa guía interior. Como decíamos en el capítulo de la «Intimidad», se trata de escuchar, dejar un espacio de silencio cada día de nuestra vida para escuchar, silenciosamente, sin distracciones, sin esperar recibir una respuesta concreta, abiertos a lo desconocido, a que lo que podamos recibir no sea lo esperado. Abiertos a escuchar con todos nuestros sentidos a flor de piel.

«La mente crea el abismo y el corazón lo cruza», dice Nissargadata en *Yo soy eso*. Escucha la voz de tu corazón, siente esa voz dentro de ti. Puedes localizar esa voz o conectar con ella tocando esa parte de tu cuerpo y poniendo toda tu atención allí. Lleva toda tu conciencia al corazón o al lugar que intuitivamente desees tocar con tus manos y siente como tu cuerpo reacciona ante una pregunta. A veces esa voz o mensaje se manifiesta como una sensación corporal.

Desde esa conexión con nuestro interior, podemos preguntarnos las cuestiones que deseamos conocer, sin olvidar que quien tiene las preguntas tiene las respuestas. Es posible no recibir una respuesta clara la primera vez que preguntamos, pero, de nuevo, no tenemos que desesperar. Abrir nuestra percepción ha de convertirse en un hábito y hemos de aprender a incrementar este acceso a nuestra sabiduría paso a paso, como un niño que comienza a caminar y que no desiste aunque la gravedad lo empuje hacia el suelo una y otra vez.

Es importante cultivar la intención y la paciencia. Crear un espacio de intimidad cada día de nuestra vida. A nuestro ser le gusta la quietud y esta no puede manifestarse en medio del ruido, de la confusión, de la prisa o la ansiedad. Necesita un lugar adecuado para expresarse, la primera hora de la mañana o la última del día, en un espacio de quietud y soledad en el que encontrarnos a solas con nosotros mismos y nuestro saber interno.

Elige para ello un lugar cómodo. Puede ser tu espacio

sagrado, asegúrate de que sea un lugar silencioso y hazlo de forma continuada, crea un hábito en tu vida, una rutina. Esto contribuirá a hacer más fuerte tu conexión contigo y a enviar al universo el mensaje de que estás dispuesto a recibir inspiración y guía. No te olvides de poner una intención cada vez que inicies este ritual.

Y entonces, confía. Confía en que no tienes que esperar a que nada suceda, a que tu intuición fabrique un mensaje. Tu intuición, tu saber eterno ya está ahí, vivo, hablándote a cada instante. Confía en que ese mensaje ya ha sido escrito, ya está siendo revelado, y lo único que tienes que hacer es abrirte a recibirlo.

Pregunta, espera una respuesta y escríbela. Puedes también leer algo inspirador y meditar sobre ello, pedir por respuestas acerca de un tema concreto por el que te sientas inspirado, y recuerda que se trata de ser, más que de hacer, y que en el ser reside toda nuestra capacidad de estar conectados al profundo sentido de la vida.

Nosotros tenemos la habilidad de crear ese puente con nuestro interior, de construir esa llave que abre las puertas de nuestro conocimiento interno. Con la práctica, prepárate a recibir señales claras, a encontrar personas que tienen mensajes poderosos para ti, a ser guiado para realizar cambios importantes, a experimentar sincronicidades cada día de tu vida, a vivir momentos mágicos que parecen milagros y a sentir que la vida fluye, fácil y sin esfuerzo, y te invita a vivir lo que siempre has soñado manifestar.

Escuchar la voz interior

Acude a tu espacio sagrado de intimidad, respira profunda y pausadamente, contémplate en total quietud y pide por acceder a ese rincón lleno de sabiduría. Escribe una afirmación de conexión con tu fuente de inspiración. Aquí tienes un ejemplo que puede servirte, pero te animo a que escribas tu propia afirmación y la uses cada día en el espacio de intimidad que crees contigo mismo.

Hoy accedo a mi sabiduría interior, accedo a mi ser y a su conocimiento. Hoy conecto con mi sabiduría intuitiva y con mi fuente de saber infinito, ilimitado.

Conecto con esa parte de mí que sabe, que tiene todas las respuestas y que me guía en cada paso de mi vida con su eterna sabiduría.

Gracias por guiar mi camino, gracias por traer luz a mi existencia, gracias por ayudarme a brillar y manifestar quien realmente soy.

Creando puentes de sabiduría

Estas son algunas pistas para permitir que la voz de tu intuición se manifieste más claramente en el día a día:

1. Sé consciente de que tu intuición te habla constantemente.
2. Utiliza una afirmación poderosa para conectar más profundamente con la voz de tu interior.
3. Crea un espacio de silencio y quietud cada día de tu vida.
4. Localiza la respuesta en tu cuerpo, una voz, una sensación corporal. Aprende a escuchar las señales.
5. Haz preguntas claras y concisas, sobre temas determinados.
6. Ten paciencia contigo mismo.

Reconocer la voz interior

La naturaleza nunca dice una cosa
y la sabiduría otra.

JUVENAL

Todos, en algún momento de este proceso, nos hacemos la misma pregunta: ¿cómo sé que esta voz que viene de dentro es la voz de mi sabiduría interior y no la voz del ego? En realidad no es difícil reconocerla, la voz interior viene del corazón y nos es fácil identificarla si la escuchamos desde el corazón. Nosotros sabemos distinguir perfectamente en nuestro interior cuál de esas voces es cuál y nos basta con cerrar los ojos, poner nuestra mano en el pecho y sentir cada latido, sentir si afirma que ese es el camino a seguir o la respuesta que necesitamos escuchar. No falla, el corazón nunca miente.

Pero si para ti sigue sin ser del todo claro cuál de las dos voces te habla, te ayudará saber que la voz que habla desde el interior está ausente de juicio y de comparación con nada ni nadie. Es una voz impersonal, pura, que envía mensajes certeros, breves y tiene un gran sentido de trascendencia. Es una voz que permanece en el tiempo, que habla desde la divinidad del ser que somos y que estamos llamados a manifestar.

La voz de tu interior
guía tu despertar.

Te será fácil reconocerla, los mensajes del ser se manifiestan desde la totalidad y nos hacen sentir la alegría de vivir. Son una guía, como una estrella en nuestra vida, y no nos dejan el mínimo atisbo de duda. Cuanto más se incrementa el acceso a esa voz, más orgánica y natural se vuelve tu vida, todo fluye de forma más sencilla y sin esfuerzo, te sorprenderás de la facilidad con que las cosas llegan a tu vida y tendrás acceso a todas las respuestas.

La voz del ego es una voz que habla desde el miedo, desde la limitación, la separación. Se pierde en detalles que no tienen importancia trascendente, que son personales. Critica y juzga. Se compara. Es una voz insegura, muchas veces ambigua y ausente de corazón.

Es la voz que se encuentra constantemente con nosotros, la voz que, una vez comenzamos a identificar, empieza a perder su poder. Activar el «testigo» de nuestras voces nos hace ser conscientes de ellas y separarnos de ellas, de forma que ya no tendrán poder sobre nosotros.

Para muchas personas este proceso ocurre poco a poco y de forma natural. De repente se encuentran espontáneamente siguiendo mensajes y viviendo en un mundo de sincronicidades, recibiendo lo que necesitan escuchar, vivir, experimentar. Solo has de estar dispuesto a seguir esa fuerte intuición que te guía de forma certera, a aventurarte en lo desconocido y formar parte del flujo incesante de la vida que se manifiesta a cada instante. ¿Estás preparado?

Para descubrir y reconocer la voz de tu ser, presta atención a las señales que aparecen en tu vida, los mensajes que te llegan a través de personas, libros, películas, incluso carteles. Estate atento y alerta a lo que «ves», lo que llama tu atención o lo que de repente aparece frente a ti. La casualidad no existe.

Observa las voces que hay dentro de ti y aprende a distinguir la voz que te guía. Afirma cada día que quieres vivir en contacto más íntimo con tu voz interior y considérate merecedor de recibir las respuestas que necesitas. Fortalece la conexión con tu interior creando tu propia afirmación.

Ten en cuenta, además, que eres, por derecho de nacimiento, un canal creativo y estás constantemente recibiendo. ¡¡Hazte consciente de ello!! Reconoce tu capacidad de recibir, dedica un tiempo a escuchar, pregunta desde tu corazón, cultiva la intención y la paciencia y confía en que ya tienes todas las respuestas y estás creando la habilidad de escucharlas.

Accede a tu biblioteca interior

Acude a tu espacio sagrado y adopta una postura cómoda y relajada. Cuando estés preparado, cierra los ojos y respira profunda y lentamente. Pon tu espalda recta. Permítete llegar a este momento, habitar el instante presente y poner toda tu consciencia en este ejercicio. Relájate y respira. Inspira lenta y profundamente. Después expira. Hazlo de forma lenta y profunda, relajadamente, soltando todas las tensiones que sientas en tu cuerpo.

Habita por completo el momento presente, ocupa este espacio en cuerpo y alma.

Desde tu ombligo visualiza un cordón de luz que baja hasta la Tierra y te une a ella, enraizándote. Siente la conexión de la Tierra contigo y tu conexión con ella. Visualiza otro cordón de luz saliendo de la parte superior de tu cabeza y subiendo hacia el cielo hasta conectarte con el universo. Este es el cordón que te conecta con tu sabiduría superior. Siente la unión de tus cordones. En este instante estás rodeado por un tubo de luz que te une a la Tierra y el cielo. Visualiza este tubo llenándose y rodeándote de luz y respira con confianza y profundamente durante unos segundos. Llénate de aire y de luz mientras respiras.

Ahora vas a tomar un ascensor que te transportará a tu biblioteca interior. Sube a este ascensor y aprieta el botón para bajar y visitar tu lugar ancestral de sabiduría. Cuando sales del ascensor estás en un hermoso jardín, al fondo puedes ver una estructura. Camina hacia ella lentamente, disfrutando del jardín que te rodea. Deléitate de todos los detalles que existen a tu alrededor mientras caminas. Esa estructura que visualizas frente a ti es tu biblioteca interna y en ella aguarda tu conocimiento superior. Tómate tu tiempo para llegar allí.

Cuando llegues, toca la puerta y pide permiso para pasar a la persona que te reciba. ¿Quién es esa persona? ¿Cómo va vestido? Puedes preguntarle su nombre si lo deseas, es el guardián de tu biblioteca.

Dile que quieres visitar el lugar y acceder a tu conocimiento interno, él te acompañará. Mientras recorres ese lugar sagrado, pasea por tu biblioteca acompañado de esta persona y disfruta de esta experiencia. Algunos de estos libros están brillando para ti, iluminando la sala. Todo ese conocimiento es tuyo y te pertenece, está dentro de ti. Si hay alguna pregunta que desees hacer, hazla ahora. Si hay algún libro que desees consultar, dirígete a él y pregunta lo que quieras. Tómate unos instantes para recibir las respuestas y continúa disfrutando de tu biblioteca interna.

Ahora, haz una última pregunta: ¿qué necesito saber para acceder cada día a mi sabiduría interior? Escucha la respuesta.

Es momento de volver. El guardián de tu biblioteca se

despide ahora de ti y te regala un objeto. Cógelo con tus manos y agradece la visita.

Regresa hacia la puerta y recorre el camino de vuelta atravesando el jardín y dirigiéndote hacia el ascensor. Aprieta el botón para subir de nuevo a este espacio. Respira profundamente y siente tu cordón lleno de luz. Puedes visualizar tu cordón bajando desde el cielo y volviendo hacia ti de forma pausada, sintiendo como el tubo de luz se hace más pequeño. Respira serenamente. Ahora puedes visualizar el cordón unido a la Tierra regresando a tu ombligo lentamente. Una vez que los dos cordones están de regreso, puedes sentir plenamente de regreso tu cuerpo y tu ser y abrir los ojos cuando estés preparado.

Escribe en tu cuaderno todos los detalles del lugar que has visitado, las respuestas que has recibido y el regalo que has obtenido. Apunta todo lo que sea significativo para ti, todo lo simbólico y disfruta de tu saber interno.

Puedes acceder a esta meditación cuando desees sintonizar con tu sabiduría.

No te preocupes si esta primera vez no has obtenido una respuesta o no has podido visualizar tu biblioteca. Para algunas personas, visualizar no resulta fácil y necesitan realizar la visualización más de una vez.

¡Recuerda!

Estos son algunos mensajes para recordar del capítulo que acabas de terminar: «La luz de tu interior». Tiene el objetivo de que puedas encontrar fácilmente un recordatorio que te ayude a sintonizar de nuevo contigo en aquellos momentos en los que dudes de tu esencia y tu potencial, o simplemente quieras recordar lo que ya sabes.

- Crear un espacio sagrado es un regalo para contigo mismo. Te ayudará a crear un momento de recogimiento, de habilitar un espacio de reconocimiento de todo lo que existe dentro de ti.
- Somos energía. Nuestro cuerpo es el envase, la vasija de esa energía y la forma que hace posible nuestro viaje evolutivo.
- Eres un hijo del universo. Tu interior es la manifestación microcósmica del macrocosmos. Eres pura luz. Pura potencialidad. Pura vida.
- Lo que crees es lo que creas. Como es adentro es

afuera. Sé consciente de tu potencial creador, tu pensamiento crea. ¡Obsérvalo!

- Para ver dentro de ti necesitas tiempo para «intimar» contigo, realizar un retiro voluntario y pasar tiempo a solas con la esencia de tu ser. Cultiva el silencio en tu vida.
- Conecta con el ritmo vital y el tiempo natural. Fúndete con la naturaleza y sé uno con la vida.
- Esa luz se despierta con el reconocimiento interior. Amar quien eres desata un sentimiento de amor por la vida. Trátate con amor, aceptación y respeto. Enciende la llama del amor por ti.
- Estás llamado a manifestar la potencialidad que mora oculta en tu interior. Esa luz está dentro de ti y tienes libre albedrío para decidir brillar en la vida.
- El despertar es el proceso que transforma lo inconsciente en consciente y permite la evolución del ego al ser.
- Estar en el presente abre la puerta para ser conscientes de la magnitud de la vida y de nuestro potencial como seres humanos. El pensamiento incesante, el juicio, el ruido de nuestra mente nos aleja de este precioso instante. Sé «testigo» de lo que piensas. Haz consciente lo inconsciente.
- La intuición es la llave que abre la puerta de la sabiduría. Escucha con tu corazón, él posee el tempo de la vida.
- Aprende a distinguir tus voces interiores. Tu voz in-

terior no puede manifestarse en medio del ruido del ego y del parloteo incesante de la mente. Presta atención a lo que ocurre dentro, relájate y disfruta del silencio. Escucha atentamente. Cuando reconozcas tu capacidad ilimitada para recibir, lo harás constantemente.

El viaje del despertar

El viaje del despertar

¡Despierta! ¡Despierta! ¡Despierta!

RUMI

Un viaje de mil millas
empieza por un solo paso.

LAO TSE

Este es un viaje hacia el despertar, y el despertar es en realidad un recordar. La palabra recordar viene del latín *recordari*: *re* (de nuevo) y *cordis* (corazón), así que recordar quiere decir algo más que tener algo o alguien presente en la memoria. Significa «volver a pasar por el corazón».

Recordar es regresar a la esencia de lo que somos, hacernos conscientes del origen divino de nuestra existencia. La mayoría de los seres humanos vive en un estado de inconsciencia, están muy lejos de lo que de verdad son, de lo que están llamados a manifestar pero ni siquiera saben que no saben.

En este estado de vigilia, de ensueño, de inconsciencia,

solemos transitar por esta existencia sin sentido de trascendencia; sin ser conscientes de nuestras creencias, limitaciones, quejas y juicios. Todo forma parte de nuestra vida desde siempre y no nos hemos parado a pensar qué nos limita, qué nos aleja de nuestro verdadero potencial, qué nos mantiene al margen de la vida, qué merecemos y deseamos vivir.

Vivimos en un estado de inconsciencia inconsciente. Ajenos a todos los talentos, actitudes, habilidades, dones y virtudes que moran en nuestro interior como un potencial dormido que espera a ser descubierto.

En Tailandia existe una vieja historia que habla sobre un enorme Buda de barro que unos monjes trataron de trasladar a un monasterio cercano. Cuando intentaron movilizar la estatua gigante vieron que empezaba a agrietarse por una de las partes y decidieron esperar a que llegara el monje encargado del traslado. Cuando este llegó al monasterio ya era de noche y cogió una linterna para ver el estado del Buda. Al alumbrarlo, no podía salir de su asombro al comprobar que detrás de la grieta se vislumbraba un buda de oro macizo que estaba cubierto de barro.

Se piensa que cientos de años atrás, los monjes habían protegido su preciado Buda ante el ataque de las tropas birmanas y que ninguno de ellos sobrevivió para revelar el secreto de la valiosa estatua.

La hermosa moraleja de esta historia es el valor infinito que todos llevamos dentro debajo de nuestra capa de creencias, pensamientos y asunciones sobre la vida y sobre nosotros. Esa capa espesa de barro no nos deja ver nuestra grandeza, nuestra magnificencia y nuestro potencial como seres humanos.

El tesoro aguarda dentro de ti como el Buda de oro que moraba escondido bajo el barro, ¿quieres descubrir todo tu potencial?, ¿quieres vivir honrando tus valores?, ¿quieres acceder a la plenitud de tu ser y vivir acorde a tu esencia? Tal vez ya lo estés haciendo, o tal vez este solo sea el recordatorio que estabas esperando.

Este despertar es un volver a nacer.

Y como tal, representa una nueva oportunidad de vivir; de vivir consciente, atento, abierto y entregado a la vida. Para muchos de nosotros, los mensajes que necesitábamos recibir, las personas que teníamos que conocer y las sincronicidades que se manifiestan en nuestras vidas se están acrecentando día tras día. Para otros, existe dentro de sí una intuición de que esto que llamamos vida tiene que ser diferente. Así comenzamos a hacer consciente lo inconsciente.

Si os sentís motivados por un anhelo de crecer, de encontrar vuestras respuestas, de evolucionar, ese es el impulso de vuestra alma guiándoos por el sendero del recuerdo y el reencuentro con vuestra esencia.

La humanidad está despertando a un nuevo estado de conciencia en los cuatro puntos cardinales. En todos los extremos del planeta, personas que se contentaban con una vida «normal» están siendo llamadas a ocupar su lugar, mostrar su magnificencia y ser lo que han venido a ser. En este momento estamos llamados a VIVIR. Todos y cada uno de nosotros estamos inmersos en un momento sin igual en la historia de la humanidad. Todos tenemos, en este instante, una maravillosa oportunidad de despertar.

Dentro de ti existe una luz intensa que brilla sin cesar aunque tú todavía no puedas verla. En tu interior, esa estrella de sabiduría que ha estado siempre ahí está empezando a iluminar las partes de ti que no querías ver, las emociones que no querías abrazar, los sueños que te daba miedo perseguir.

Eckhart Tolle expresa en su libro *Un nuevo mundo ahora* que «la luz de la consciencia es lo único necesario para el despertar de la humanidad y cada uno de nosotros somos esa luz».

¡Feliz viaje!

Cuaderno de viaje

Escribe en tu cuaderno una intención para este viaje que comienzas en este momento. Antes de que sigas leyendo, acude a tu espacio sagrado y pasa unos minutos a solas contigo mismo. Siente la capa de barro deslizándose a tu alrededor. ¿Qué te sobra?¿Qué deseas trascender y dejar atrás?

Siente tu luz queriendo brillar. Este es un viaje hacia la esencia de tu ser, hacia la potencialidad pura, hacia el despertar de todo lo que has venido a manifestar.

Establece un propósito. Pide un deseo para este viaje, exprésalo en voz alta y escríbelo, deja tu intención por escrito. ¿Qué quieres descubrir? ¿Qué deseas manifestar?

Recuperar el sentido

El secreto de la existencia humana no solo está en vivir
sino también en saber para qué se vive.

FIODOR DOSTOIEVSKI

Antes de afrontar un cambio en nuestra vida necesitamos
encontrar la necesidad que motive ese cambio, el deseo y
el sentido de llevarlo a cabo.

El deseo de tener una vida más satisfactoria es un motor poderoso para despertar ese mecanismo, pero el cambio ha de estar fundamentado en pilares sólidos si queremos que dé sus frutos.

Algunas personas simplemente cambian de vida porque sienten que lo necesitan y realizan el cambio sin más, alimentándose de todo lo nuevo que el cambio aporta en sus vidas. Otras necesitan excavar profundo en sus raíces y rescatar sus ideales para poder afrontarlo.

En cualquier caso, encontrarle sentido a la vida es crear y cultivar aquello que deseamos ser y manifestar en nuestra existencia, es regar aquello que activa e intensifica nuestra experiencia de vivir. Es rescatar la amalgama de valores, deseos, sueños e ideales que orientan nuestro rumbo y que definen la forma en la que pensamos, sentimos y actuamos.

El sentido de la vida
es crear una vida con sentido.

En el corazón del «ser» radica todo el potencial necesario para afrontar ese nuevo rumbo, pero, una vez más, hemos de ser muy cautos y mirar de cerca nuestra relación con las creencias. Hemos heredado un paradigma que ya no nos sirve. Las generaciones precedentes enfocaron el sentido de sus vidas en la utilidad y basaron su existencia más centrados en la cantidad que en la calidad. Su espíritu se alimentaba del estado de necesidad y carencia del siglo pasado, y el motor de la supervivencia estaba basado en la productividad y en la posesión, sin tener en cuenta la calidad de vida.

Este es el fundamento de la cultura del «bienestar», que no parece estar sintonizada con los cambios de la última décadas. Antaño entendían el «progreso» como la acumulación de bienes y riquezas, como el anhelo de poseer la seguridad y estabilidad económica y financiera por encima de todo. El nuevo paradigma en el que ya estamos inmersos nos muestra el progreso como la evolución del ser humano, el proceso de toma de consciencia y la unión con el origen, recuperando el vínculo con lo divino. El regreso a la unidad.

Y eso, ¿cómo se traslada a nuestra vida cotidiana? La unidad se manifiesta a través de la vivencia desde el ser, del encuentro con nuestra esencia y nuestro valor más íntimo, y lo hace cuando cultivamos el desarrollo de nuestros talentos y pasiones y cuando nos abrimos a recibir en cada instante el gozo de sentir y vibrar con la vida, de ser quienes estamos llamados a ser.

En la actualidad, los deseos, sentimientos y anhelos de muchos de nosotros ya no están alineados con esa manera heredada de entender la vida, a pesar de que esa creencia productivista de «hacer» a toda costa siga presente de alguna forma en nuestras vidas, y esto puede provocarnos un vacío, una pérdida de sentido.

Para recuperar el rumbo perdido, podemos enfocar el cambio desde otra perspectiva. Ya no necesitamos preguntarnos ¿cómo debemos vivir?, sino, ¿cómo queremos vivir?

La respuesta a esta pregunta nos sirve para recuperar el sentido de disfrute, alegría y gozo en cada experiencia recordando lo que anhelamos, dándonos permiso para enfocar nuestra vida desde una nueva perspectiva y provocar el cambio desde el interior.

Aquello en lo que ponemos nuestra atención se manifiesta. Si estamos centrados en lo material a costa de dejar a un lado nuestro sentido de trascendencia, el encuentro con nuestro ser y el descubrimiento con lo que nos apasiona en la vida, el precio que estamos pagando es muy caro. No hay más que echar un vistazo a nuestra sociedad para darse cuenta.

Y, ¿dónde encontramos las respuestas?, ¿dónde hallamos la plenitud de vida? La respuesta es siempre la misma: en el interior. ¿El interior? Sí, el interior, que es el único lugar en el que no nos han enseñado a buscar. En la primera parte de este libro, hablábamos del estado de presencia, de la escucha profunda de nuestra voz interna, del reconocimiento de nuestra sabiduría, de rescatar el Buda de oro que todos llevamos dentro. Para eso hemos de encontrar las respuestas dentro de nosotros.

Recuerda: quien tiene las preguntas tiene las respuestas.

En busca de sentido

Este es un ejercicio para destapar los pensamientos y creencias heredadas de tus abuelos y tus padres, de tu entorno cultural, de tu infancia, tu escuela y tu experiencia de vida. Te darás cuenta de si esas creencias te pertenecen o simplemente las has integrado sin cuestionarlas. Este es el momento de abandonarlas si no son tuyas y ya no te sirven para empezar a preparar el terreno donde germinará el cambio.

Acude a tu lugar sagrado, tómate algunos minutos para cerrar los ojos y realizar cinco respiraciones lentas y profundas. Imagínate entrando en un espacio de tu infancia, un momento de tu vida en un lugar concreto. Habita completamente ese espacio y circunstancia. Camina por él y observa todo lo que existe a tu alrededor. Luego hazte la siguiente pregunta: ¿cuáles son las creencias que están rigiendo mi vida? Tómate unos segundos para escuchar las respuestas y apúntalas en tu cuaderno.

Cuando estés preparado cierra nuevamente los ojos, respira profundamente e imagina de nuevo ese espacio que has habitado hace tanto tiempo. Sigues paseando y viviendo esa circunstancia concreta, obsérvala ahora desde una nueva perspectiva y hazte las siguientes preguntas: ¿esta creencia es mía o la adopté?, ¿de dónde viene?, ¿me sirve en este momento de mi vida?, ¿me da poder o me limita?

Escucha las respuestas y escríbelas de nuevo. Cuando hayas terminado escribe una frase para cada una de las creencias que ya no te sirven, agradeciéndoles haberte servido hasta ahora.

Despejar una creencia

Este es un ejercicio para despejar esas creencias que ya no nos sirven. Para ello hay que estar dispuesto a deshacerse del pasado si se quiere sanar y crear un futuro más positivo, para lo que es necesario:

1. Ser consciente de la creencia.
2. Reconocer la creencia como tal y no como verdad.
3. Estar dispuesto a deshacerte de la creencia. Aceptar que ya no te sirve y dejarla partir.
4. Sentir y liberar emociones relacionadas con ella.
5. Aceptar la responsabilidad de crear la realidad propia y de no ser víctima de ella.
6. Imaginar una alternativa sana e ilimitada a la creencia. Crear un pensamiento positivo.

Realiza este ejercicio por escrito para cada una de tus creencias limitantes. Tráelas a la luz, hazlas conscientes y libérate de todo aquello que ya no te sirve.

Suelta todo lo que te pesa en la vida, lo que no te permite volar ligero y, ¡respira! Este es el comienzo de un nuevo paradigma. Aquí empieza tu nueva vida.

Honrar y cerrar el pasado

Desear que el pasado no hubiera existido
es como desear no haber existido.

NIETZSCHE

El barro ha de quedar atrás en este viaje. Es una capa que
te ha protegido durante un tiempo, que te ha servido de
cobijo, que ha tenido un propósito en tu vida, pero ya no
te sirve.

Lo mejor que podemos hacer con el pasado en este
viaje hacia el despertar es honrarlo, agradecerlo y dejarlo
marchar. Ya no nos sirve en este momento, muchas veces
incluso nos limita, nos mantiene aferrados a personas, cosas o circunstancias que no queremos dejar ir y a las que
nos queremos quedar enganchados, aunque eso nos impi-
da avanzar en la vida.

Tantas veces hemos escuchado ese viejo refrán que re-
za «más vale lo malo conocido que lo bueno por conocer».
Este libro te invita a descubrir lo bueno por conocer, a
caminar hacia el misterio, honrando tu pasado y tu experiencia pero caminando en la dirección que anhela tu alma,

revelándote la magia de vivir en el misterio y ayudándote a dejar atrás lo conocido.

Estar en paz con el pasado es el primer paso para poder cerrarlo, concluir ese capítulo de nuestra vida, agradecerlo y mirar hacia delante. No podremos ir muy lejos en la vida si continuamos mirando atrás. No podremos avanzar, realizar cambios y tomar nuevos rumbos si algo del pasado no está resuelto.

Cada circunstancia o persona de tu vida que te ha hecho sufrir, también te ha hecho avanzar. Los seres humanos aprendemos más de las peores experiencias de nuestra vida. Aprendemos del dolor, la tristeza y la enfermedad. Estas situaciones nos sirven para hacernos más humildes, para agradecer y valorar los buenos momentos y para emprender nuevas acciones en nuestra vida.

Dejar atrás lo que ya no nos sirve
nos empuja a recibir lo que más deseamos.

Es importante poder cerrar los ciclos estando en paz con esas experiencias. Cada mudanza, cada viaje, cada cambio de trabajo, cada separación, cada vínculo que se rompe con una persona o lugar. Cada experiencia tiene un principio y un fin, cerrar conscientemente cada uno de esos ciclos vitales nos ayuda a mirar hacia delante con toda nuestra energía, enfocarnos en lo nuevo y construir el siguiente paso de nuestra vida.

El pasado nos da seguridad porque forma parte de

nuestro mundo conocido, pero si creamos nuestro presente basándonos en la experiencia del pasado, estamos destinados a vivir una y otra vez las mismas circunstancias en nuestras vidas. Pensar sobre las cosas del pasado que ya no nos sirven nos ayuda a dejar atrás un peso que no nos permite avanzar.

Todo lo que haya ocurrido en tu vida hasta este momento te ha traído hasta aquí. Agradécelo. Este es tu mayor momento evolutivo. Es lo más lejos que has podido llegar hasta ahora, así que no hay duda de que tu pasado te ha hecho avanzar.

Agradecer todas las experiencias de nuestra vida nos ayuda a comprender que cada paso del camino es necesario, cada error nos ha regalado un aprendizaje, cada experiencia, una oportunidad para madurar.

Si no limpias tu vida de todo aquello que todavía te mantiene mirando atrás, lo nuevo no podrá manifestarse. Dejar atrás el pasado no solo es un cierre, sino una puesta a punto para recibir, es como hacer espacio para que lo nuevo entre y se manifieste, como habilitar un lugar en tu vida para que empiecen a ocurrir otras cosas. Este es el momento de hacer limpieza. ¿Estás preparado?

Cerrar con el pasado

Piensa en las cosas de tu pasado que todavía te generan incomodidad, quizá tengas alguna charla pendiente con una ex pareja, o algo que hablar con tus padres, quizá sea algo que tienes que recuperar o devolver.

Echa un vistazo a tu casa, tal vez necesites llevar a cabo una buena limpieza. Regala, recicla, libérate de las cosas que ya no usas, ropa que ya no te sirve, libros que no lees desde hace meses, música que no escuchas. ¡Deja que entre el aire y se lo lleve!

Libérate de todo aquello que solo ocupa un lugar pero ya no tiene una utilidad en tu vida. Deja lugar para que entre lo nuevo, para que puedan manifestarse otras cosas. ¡Haz espacio en tu vida!

Agradece la presencia de cada una de esas cosas, personas, circunstancias en tu vida, y déjalas seguir su camino.

Honrar el pasado

Este ejercicio es una propuesta para celebrar y honrar la vida. El ritual se ha utilizado durante milenios para la celebración de momentos importantes como ritos de paso o momentos de aprendizaje.

Para comenzar, acude a tu espacio sagrado, tómate unos momentos para estar presente en ese espacio de intimidad contigo mismo, enciende una vela... Puedes prender un incienso y hacer un pequeño altar en el que coloques un objeto que haya sido importante en tu vida, en el pasado. Puede ser una fotografía, un recuerdo, un amuleto, lo que tenga significado para ti.

Haz unas respiraciones lentas y profundas y conecta con tu esencia en el momento presente.

Ahora puedes escribir en una hoja todas las cosas, personas o circunstancias que deseas dejar atrás. Que deseas agradecer y soltar. Escribe todo lo que surja y luego quema tu escrito en el fuego purificador de una vela.

Cierra los ojos y agradece profundamente todo lo que ha ocurrido en tu vida, desde tu corazón. Deja atrás las personas, circunstancias y lugares que ya no te sirven. Déjalos partir y siéntete libre de empezar de nuevo en el momento presente.

Lo único constante
es el cambio

Todos piensan en cambiar el mundo,
pero nadie piensa en cambiarse a sí mismo.

Resistirnos es luchar contra el fluir natural de la vida. El I Ching, libro oracular chino, nos enseña que «Lo único constante es el cambio». La vida es, en sí misma, expansión, aprendizaje, evolución. A través del cambio tenemos la posibilidad de crecer y ser mejores personas, de vivir más alineados con nuestros sueños y de crear nuevas y mejores circunstancias en nuestras vidas.

El cambio es la esencia que mantiene a la naturaleza en equilibrio.

El ser humano tiene muy diversas reacciones ante el cambio y, contrariamente a lo que muchos pudieran imaginar, generalmente evitamos lo que más deseamos porque nos da pánico salir de lo conocido, explorar más allá de nuestra zona de confort.

Tenemos un abanico de excusas que nos inhiben de provocar un cambio: no es el momento adecuado, no estoy suficientemente preparado, necesito más confianza en mí, no estoy plenamente seguro de que es lo que quiero hacer... Todas ellas son manifestaciones del mismo síntoma: el miedo y la inseguridad que sentimos de dejar atrás nuestra zona de seguridad y aventurarnos a lo desconocido. El poeta británico Rudyard Kipling lo expresaba así: «Cuando quieras hacer algo, hazlo. No esperes a que las circunstancias te parezcan favorables».

De nuevo, el I Ching nos recuerda: «Cuando el camino llegue a su fin, cambia. Habiendo cambiado irás más allá». Nunca nos parecerá que es el momento adecuado. La única manera de descubrirlo es acompañar el cambio que sucede incesantemente por sí mismo. Nunca nos sentiremos preparados, porque la experiencia del cambio es la que nos prepara para afrontar el próximo reto en nuestra vida. En cada proceso de cambio lo más natural será sentir que nos falta autoconfianza o seguridad para llevarlo a cabo, pero esa es la invitación que la vida nos ofrece para sacar todo nuestro coraje y crear la vida que tanto anhelamos vivir. Esa es la oportunidad para el aprendizaje.

Si concebimos la vida como un constante aprendizaje, no hay error en este maravilloso viaje. No hay equivocación, sino enseñanzas que nos aportan madurez. Al final, uno solo se arrepiente de lo que no hace. Lo que ha hecho, sea lo que sea, lo ha hecho avanzar, madurar y crecer.

El cambio es inherente a la vida. Todo cambia. El universo se encuentra en expansión constante, los sistemas solares se encuentran permanentemente en movimiento. Al igual que cada planeta, la Tierra tiene su propio proceso evolutivo, pero el ser humano se resiste y la resistencia es el principio del sufrimiento... ya sabemos que lo que resiste, ¡persiste!

Cuando fluimos con lo que ocurre y acompañamos los cambios que se presentan, la vida nos enseña el poder de la rendición. No te resistas. Acepta el cambio. Elige la vida. ¡Sigue hacia delante!

Primeros pasos para el cambio

Este es un ejercicio de reflexión personal para ayudarte a tomar consciencia de las cosas que no cambias aunque te encantaría hacerlo. Tu vida está yendo en una dirección en este momento, pero tú tienes el poder de decidir a cada instante. El cambio es inherente a la vida, así que, coge tu cuaderno de bitácora y reflexiona durante un momento acerca de estas preguntas, tómate tu tiempo. ¡Respira y vuela!

Si tuvieras cinco vidas más, ¿qué harías en cada una de ellas?

Introduce alguna de las cosas de esas vidas en tu vida actual.

Has venido a esta vida a disfrutar, a vivir plenamente, a gozar de esta experiencia humana. Enumera diez cosas que te hacen sentir feliz y que no haces.

Comprométete a realizar un cambio en tu vida esta semana.

Lo que crees es lo que creas

No vemos las cosas tal como son,
sino tal como somos.

EL TALMUD

El pensamiento, sea positivo o negativo, no eres tú: es solo eso, un pensamiento. Lo importante a tener en cuenta es que ese pensamiento tiene el poder de crear la realidad. La regla de tres es sencilla: si cambiamos nuestra manera de pensar, cambiamos nuestra manera de vivir.

Pero, ¿podemos cambiar nuestra forma de pensar? ¡Claro que sí! ¿Podemos cambiar nuestras creencias limitantes por pensamientos positivos? ¡Por supuesto! ¿Podemos crear una nueva realidad en nuestra vida? ¡Sí!, ¡sí!, ¡sí!

Cuando descubres el poder del pensamiento y comienzas a practicarlo en la vida cotidiana, empiezas a ser consciente de tu poder personal y de tu potencial creador, tu nueva vida comienza a surgir como por arte de magia, y eso es un milagro. Deepak Chopra dice que «los milagros ocurren todos los días, no solo en pueblos remotos o en lugares sagrados, sino aquí, en nuestras propias vidas».

Si nuestra forma de pensar tiende a ser repetitiva, y generalmente lo es, estamos reforzando esa conexión neuronal en nuestro cerebro, la estamos haciendo más fuerte y por tanto estamos alimentando ese ciclo de pensamiento, que generalmente es negativo.

El cerebro crea conexiones
cada vez que pensamos.

Por ejemplo, si tengo un pensamiento repetitivo que me susurra que no soy válido, estoy creando un puente entre las neuronas que se establece a largo plazo y, a no ser que rompa ese mecanismo de pensamiento automático ya instalado en mi cerebro, este seguirá repitiéndose. Seguiré pensando toda mi vida que no soy suficientemente bueno, merecedor, que no sirvo y no puedo crear la vida que deseo. Y eso es lo que atraigo a mi vida: experiencias de fracaso en las que me demuestro, una y otra vez, que mi pensamiento es real.

Si me hago consciente de ese pensamiento y no lo alimento, si me digo a mí mismo: ese pensamiento no es real, es solo eso, un pensamiento, y observo lo que ocurre, dejo de alimentar esa relación neuronal. Y si soy capaz de no identificarme con ese pensamiento durante varios días seguidos y crear otro pensamiento positivo en su lugar, estoy creando una nueva conexión o sinapsis que, con el paso del tiempo, se hará más fuerte y se instalará en mi cerebro de forma permanente.

La neurociencia ha llamado a este fenómeno «neuroplasticidad», que es la posibilidad que tiene el cerebro para adaptarse a los cambios o cambiar su funcionamiento modificando las rutas que conectan a las neuronas. Esto genera efectos en el funcionamiento de los circuitos neuronales a largo plazo y tiene el poder de cambiar la organización del cerebro. ¿No es maravilloso?

El cerebro se modela con la actividad que se realiza. En la Universidad de Londres se comprobó que los taxistas mejoraban cada año el hipocampo, la región que regula la memoria espacial. Diversos estudios en Alemania comprobaron que los músicos, así como las personas bilingües, tenían más desarrollada el área auditiva del cerebro.

Para hacer este cambio es imprescindible prestar atención y comenzar a observar aquellos pensamientos negativos y repetitivos que crean constantes vaivenes emocionales, todos aquellos pensamientos de juicio acerca de nosotros mismos, de los demás o de todo lo que llega a nuestra vida. El juicio es lo que alimenta la separación de nuestro ego con nuestro ser y lo que nos mantiene en la permanente ilusión de la desconexión.

Cambiar nuestros hábitos en nuestra forma de pensar tiene importantes implicaciones en nuestras vidas porque afecta a nuestra capacidad de crear, sentir y percibir la realidad. Lo que vemos afuera es la proyección de nuestra película interna. Todo lo que sucede, todo lo que la vida nos muestra lo ha creado nuestro cerebro, está dentro de nosotros, pero como no podemos verlo en nuestro interior, la mente lo proyecta, creando la historia de cada día de nuestra vida.

Lo que vemos nos da un indicio de lo que está dentro. Como es arriba es abajo, como es adentro es afuera, rezan los principios universales de la metafísica. Todo lo que vemos, todo aquello a lo que prestamos atención aparece en nuestra vida porque es lo que existe dentro de nosotros.

Ejercitar nuestro cerebro lo mantiene con vida. La gimnasia mental crea neuroplasticidad si relaciona conocimiento, imaginación y creatividad. El pensamiento negativo genera pensamiento negativo, es un círculo vicioso que se retroalimenta. Si te identificas con ese pensamiento lo estás haciendo real en tu vida, lo estás ayudando a manifestarse.

Observar el pensamiento rompe esa inercia y te hace consciente de lo que antes era automático y repetitivo. ¡¡Lo que crees es lo que creas!! ¡Usa tu imaginación! Como dijo Einstein: «la imaginación es más importante que el conocimiento».

Liberar el pensamiento negativo

Sé consciente de los pensamientos, creencias o comportamientos que se repiten constantemente en tu vida, especialmente aquellos que son negativos y que no dejan de estar presentes. ¡Obsérvalos! ¡Sé consciente de lo que ocurre en tu cabeza!, ¡hazlos conscientes!

Practícalo todo lo que puedas, ser consciente de tus pensamientos es el primer paso para poder cambiarlos y crear la realidad que deseas. Practícalo en este mismo instante. ¿Qué está pasando por tu cabeza mientras lees este libro?

Lleva contigo tu cuaderno durante unos días, haz este ejercicio y apunta tus pensamientos negativos. ¡Serás consciente de todo lo que ocurre en tu cabeza y que no eres tú! Hacer consciente el pensamiento es el primer paso para trascenderlo y recuperar el poder que mora dentro de ti para crear la vida que deseas. Se trata de poner lo mejor de tu capacidad mental a tu servicio.

Crear nuevos hábitos

El cerebro necesita 21 días para establecer un nuevo hábito. Terminar con el pensamiento negativo no es suficiente, hay que fomentar el positivo. Dejar atrás una manera de hacer las cosas no será duradero si no creamos, a la vez, una nueva forma de hacerlas.

Todos tenemos hábitos que nos gustaría dejar atrás y

otros nuevos que nos gustaría alcanzar. Crea un nuevo hábito en el área de tu vida que más lo necesites. Dedica 21 un días para llevarlo a cabo y repítelo de forma constante y consciente cada día.

Pregúntale a tu corazón. ¿Qué nuevo hábito me gustaría implantar en mi vida?

El pensamiento crea

No nos perturban las cosas
sino nuestros pensamientos sobre las cosas.

Epícteto

El gran Mahatma Gandhi afirmaba: «cuida tus pensamientos porque se volverán palabras, cuida tus palabras porque se transformarán en actos, cuida tus actos porque se convertirán en costumbres, cuida tus costumbres porque forjarán tu carácter, cuida tu carácter porque creará tu destino y tu destino será tu vida».

Hemos tomado consciencia de aquellas creencias heredadas que en realidad no nos pertenecen, no nos ayudan en la vida, no son nuestras. Como veíamos anteriormente, un paso más allá en el camino de las creencias es preguntarnos: ¿Me sirve esta creencia? ¿Me da poder o me debilita? ¿Qué me trae este pensamiento? Estas preguntas pueden servirnos de referencia cuando estamos perdidos en medio del ruido mental, la duda o la confusión.

El pensamiento crea realidad.

Pero ¿somos conscientes de lo que pensamos? ¿Está despierta nuestra capacidad de pensar y, por lo tanto, crear conscientemente? Este es nuestro siguiente paso.

Pensar positivamente es como plantar una semilla en medio de un campo fértil. Ese primer paso es importante, pero nuestra semilla necesitará de los cuatro elementos para germinar y dar frutos: los nutrientes del suelo, la luz del Sol, el agua y el aire.

De la misma manera funciona nuestro cerebro. Nuestra capacidad cerebral es nuestro terreno fértil y el pensamiento positivo nuestra semilla. El agua que necesita es el hábito y la constancia de practicar un pensamiento nuevo. El aire es la voluntad de creer y confiar que es posible. La luz es la consciencia y la vigilancia que podamos poner en el proceso.

Una afirmación es la introducción de un pensamiento positivo en nuestra consciencia con el objetivo de cambiar una pauta de comportamiento negativo o limitante.

Lo que se consigue con las afirmaciones es que: por una parte, la vigilancia hace consciente nuestro pensamiento negativo y limitante y esa consciencia es la que nos permite observarlo y trascenderlo. Por otro lado, la repetición de la afirmación motiva la creación de pensamientos positivos y debilita la antigua pauta mental negativa. Por último, la creencia en nosotros mismos y en el poder de las afirmaciones es la que nos permite ser capaces de cambiar el pensamiento y, por ende, nuestra vida.

La reacción de la mente cuando comenzamos a afirmar

positivamente es la de generar mayor ruido, caos y confusión. Se siente amenazada porque algo empieza a funcionar de manera diferente y se resiste a los cambios.

Eso ocurre solamente al principio. Con tiempo y paciencia, constancia y perseverancia, nos hacemos más conscientes de lo negativo y somos capaces de abrazarlo, trascenderlo y dejar de identificarnos con lo que no somos.

El pensamiento creativo no es una panacea, pero tampoco funciona por sí solo. Las creencias y pensamientos negativos han estado dentro de nosotros toda nuestra vida, no se erradican ni se disuelven en un día, por eso este proceso de despertar tiene muchas otras herramientas que se complementan con esta y que te ayudarán a tomar consciencia gradualmente.

¿Qué afirmaciones tienen mayor poder? Aquellas que resuenen contigo, aquellas que te resulten poderosas, las que te creas de verdad, las que tengan fuerza y significado para ti. Es muy interesante crear por nosotros mismos la afirmación que nos convenga utilizar, que venga de adentro, que nutra y expanda nuestra capacidad ilimitada (pero dormida) de amarnos y potenciarnos.

Cada vez que piensas «no valgo, no puedo hacerlo o no soy lo suficientemente bueno», puedes sustituir ese pensamiento por «soy capaz de hacer todo lo que me propongo». Si no te sientes amado y piensas que no mereces serlo y tu pensamiento te lo recuerda constantemente, puedes afirmar «me amo a mí mismo incondicionalmente». O si piensas que la vida es injusta contigo y que tú no tienes talento para cambiar tu realidad, podrías pensar «tengo todo lo que necesito para crear la vida que deseo». Todo está dentro de ti.

Cambiar tu forma de pensar tiene el poder de cambiar tu forma de vivir. La sanadora americana Louise Hay, conocida por su trabajo con las afirmaciones, lo expresa así: «para cambiar tu vida por fuera debes cambiar tú por dentro. En el momento en que te dispones a cambiar, es asombroso cómo el universo comienza a ayudarte, y te trae lo que necesitas».

A lo largo de este libro te invitaré a crear y/o pintar frases y afirmaciones que sean poderosas para ti en distintos aspectos de tu vida. Recuerda que no solo es afirmar, también es estar vigilante y observar el pensamiento. Todo lo negativo que surge al principio del proceso, es en realidad lo más jugoso. Esa es la manera más evidente de conocer la cantidad de cosas negativas que te dices en cada momento y, ¡la oportunidad de comenzar a cambiarlas!

Todos estos pensamientos están en tu inconsciente creando tu vida. Ponerles luz, hacerlos conscientes, te ayuda a ser su testigo, a no identificarte con ellos y a considerar las afirmaciones necesarias para crear la vida que deseas.

Pensamiento creativo

Acude a tu espacio sagrado, siéntate cómodamente y cierra los ojos. Toma un par de respiraciones profundas sintiendo la fuerza de la vida al inhalar y relajando profundamente tu cuerpo al exhalar, soltando todas las tensiones acumuladas durante el día. Dedica un minuto a respirar conscientemente.

Mientras respiras, pregúntate: ¿Cuál es el pensamiento más negativo que tengo acerca de mí mismo? No dejes de respirar mientras recibes la respuesta, no la analices ni la juzgues, simplemente respírala y continúa respirándola durante uno o dos minutos más.

Relaja tu cuerpo y escribe la respuesta en tu cuaderno.

Deja descansar este pensamiento de momento. Solo te voy a pedir que seas consciente de él y lo observes cada vez que aparezca, que sientas además lo que ocurre en tu cuerpo y tu estado de ánimo, que hagas consciente el poder del pensamiento y lo que ocurre cuando le pones luz.

Más adelante encontrarás una lista de afirmaciones que pueden servirte de guía para cambiar ese pensamiento.

Cree en ti mismo

Tú eres tu propia barrera;
sáltala desde dentro.

HAFIZ

Eres un ser completo, creativo, ilimitado y lleno de recursos. Nada afuera tiene las respuestas para que tú vivas plenamente tu vida. Tú las tienes. Todos las tenemos.

Los seres humanos no solemos ser conscientes de nuestra grandeza, pero has llegado hasta aquí para descubrirla. En este viaje, prepara tus alas para volar, confía en que puedes hacerlo, confía en que todo lo que necesitas saber está dentro de ti. Confía en tu capacidad de crear todo lo que imaginas y trascender todo lo negativo que te dices a ti mismo.

Ha llegado el momento de ser honesto y revisar cómo utilizas la palabra. Lo que te dices crea realidad. El libro excelente de sabiduría tolteca de Miguel Ruiz, *Los cuatro acuerdos,* nos recuerda que la unión de las palabras compone historias que llegamos a creernos y que tienen el poder de producir encantamientos, espejismos, de hacernos creer que esa historia que nos hemos estado contando es la realidad.

Pon conciencia en lo que te dices y en lo que les dices a los demás. Muy a menudo les estamos diciendo a los demás lo que nosotros necesitamos escuchar.

Una persona es impecable con su palabra cuando está más allá de juicios y comparaciones, cuando ya no se pierde hablando sobre los demás, ni echándole la culpa a otros, ni hablando mal de nadie.

Muy al contrario, «ser impecable» significa que usas tu palabra para crear belleza y plenitud en tu vida y en tu entorno, que puedes expresarte desde el amor por ti y extenderlo a toda la humanidad. Tú eres un ejemplo, cada uno de nosotros lo somos. Predica con tus propios actos y sé cuidadoso con tus propios juicios.

Lo que dices tiene poder. La palabra tiene poder. Hemos hablado ya del poder del pensamiento. En nuestra vida, convertimos nuestros pensamientos en palabras y estas en acciones. El conocido autor y orador motivacional estadounidense Jim Rohn definía el poder de la palabra de la siguiente manera: «me he dado cuenta de que cuando empiezas a decir y hacer lo que realmente sientes, tu mente te lleva directamente en esa dirección. Y a veces puede ser tan sencillo como hacer pequeños cambios en tu vocabulario diario».

Para recuperar la credibilidad en ti has de mostrarte, ya no puedes ocultarte tras las palabras, las verdades a medias o las mentiras piadosas. Cada vez que lo haces minas tu autoestima y debilitas la confianza en ti.

Cada vez que dices que vas a hacer algo y luego no lo haces, también te estás demostrando lo poco confiable que eres.

Cuando alineas pensamiento, palabra y acción
te conviertes en el maestro de tu vida.

Mostrarte a través de las palabras te da poder, ser impecable con las palabras fortalece la creencia en ti, te empodera, aumenta tu credibilidad y reafirma tu autoconfianza.

Este es el momento de dejar de poner excusas y de utilizar a los demás como excusa. Muchos de nosotros, aun sabiendo que somos poderosos, permanecemos en la oscuridad para formar parte de lo que nos rodea, sin sobresaltos, temerosos de perder el amor de nuestros seres queridos si nos mostramos tal cual somos.

Una de las cualidades de un adulto sano es que sabe decir «no» cuando quiere decir que no, y dice «sí» cuando necesita decir que sí. Para tomar plena responsabilidad de nuestra vida, en el más amplio sentido de la palabra, hemos de recuperar el poder en el uso de las palabras, hacernos responsables de lo que decimos y pasar a la acción.

Demuestras y fortaleces tu autoconfianza cuando piensas, hablas y actúas en la misma dirección, cuando alienas tu mente creadora, tu palabra poderosa y tu acción creativa y manifestadora. Di lo que tengas que decir y luego pasa a la acción. Crea realidad conscientemente.

Este es el momento de ser quien eres, de ser quien estás llamado a ser, de expandir tus alas al viento de la totalidad. Tienes dentro de ti todo lo que necesitas ser para crear la vida que deseas, todo el poder que te hace falta para brillar. Dítelo cada día. Usa la palabra para animarte, para empoderarte, para hacerte lograr todo lo que deseas.

La fuerza más poderosa para hacerte avanzar en la vida está dentro de ti, es tu propia motivación personal. Alinea tus pensamientos, tus palabras y tus actos.

Demuéstrate cada día que todo lo que piensas, dices y haces está encaminado a conseguir lo que deseas manifestar. ¡¡Cree en ti!!

Cree en ti

Escribe una afirmación poderosa que te ayude a creer en ti, que te dé confianza, que te ayude a reconocer cada día tu grandeza. Píntala con diferentes colores y con letras grandes y ponla junto a tu cama, léela durante una semana cada mañana al despertar y cada noche antes de quedarte dormido, asegúrate de que esa frase tiene poder para ti.

Aquí tienes algunos ejemplos inspiradores utilizados por Louise Hay:

- Me afirmo en la verdad, y vivo y me muevo en el júbilo.
- Confío en mí. Sé que la vida me sustenta y me protege.
- Amo quien soy, lo que soy y lo que hago.
- Mi capacidad creativa y mis talentos fluyen a través de mí y se expresan de maneras profundamente satisfactorias.
- Siempre llego a tiempo, fácilmente y sin esfuerzo.
- Soy perfecto tal y como soy.

El poder de la palabra

¡Activa una vez más el observador! Durante un día, sé consciente de las palabras que utilizas. Observa si te justificas, si mientes, si te ocultas tras las palabras, si no dices toda la verdad o te reservas tu opinión, y si pones a los demás como excusa.

Di «sí» cuando quieras decir «sí», y «no» cuando quieras decir «no». Sé consciente de las concesiones que haces

133

a los demás y del precio que pagas por ello. Sé auténtico, sé quién eres, no te escondas tras las palabras.

Observa también si constantemente dices que vas a hacer cosas que luego no haces. Trata de alinear palabras y acciones, lo contrario mina tu autoconfianza. Si dices que vas a hacer algo, hazlo; si no, es mejor que no digas nada.

Valorarte

Demasiada gente muere sin haber expresado
la música de su interior.

OLIVER WENDELL HOLMES

Intenta no volverte un hombre de éxito,
sino volverte un hombre de valor.

ALBERT EINSTEIN

Todos hemos vivido momentos de plenitud y felicidad en
nuestras vidas y tenemos recuerdos inolvidables de esos
momentos. En aquellos instantes estábamos viviendo en
honor a alguno de nuestros valores más profundos.

Los valores son aquella parte que mora en nuestro interior y que nos impulsa a vivir plenamente. Vivir según
nuestros valores nos aporta expansión, dicha, felicidad, plenitud en nuestras vidas, de la misma forma que vivir de
espaldas a ellos nos brinda frustración, ansiedad, tristeza e
incluso enfermedad.

Vivir desde adentro es considerar valioso nuestro jardín interno y sembrar en nuestras vidas una cosecha fructífera de momentos felices, decisiones conscientes y plenitud de vida.

En tus valores está la llave de tu plenitud.

Vivir según nuestros valores es un acto radical. Lo es porque implica tornar la mirada hacia dentro y ser quienes realmente somos, ofrecer al mundo lo que mora dentro de nosotros y brillar desde nuestro potencial. Y este es un paso maravilloso para darnos cuenta de todo lo que llevamos dentro. Debajo de las capas de la educación, la cultura, la sociedad y la familia, debajo de todas las creencias que hemos ido acumulando a lo largo de nuestra vida, está nuestro verdadero ser, nuestros valores más profundos y toda la motivación que necesitamos para avanzar.

Los valores son nuestros guías. Guardan nuestros deseos, esconden nuestros anhelos y tienen grandes regalos para ayudarnos a recuperar el sentido de nuestra experiencia de vida. Animarnos a excavar profundo, a llegar lejos en el descubrimiento de la esencia de lo que somos, no solo alimenta nuestra alma, sino que nos ayuda y apoya en la creación de nuestro día a día, favorece nuestra actitud ante la vida y nos conduce a la plenitud.

Ahora que sabes lo que permanece inalterable en el corazón de tu ser, es momento de lanzarte a descubrirlo. Explorarnos abre puertas insospechadas dentro de nosotros, amplia nuestros horizontes, nos aporta llaves que nos conducen a lugares nuevos.

Tus valores son tus aliados,
tu fuerza, tu potencial,
son la respuesta de tu corazón,
de tu sentir, de tu interior.

¿Qué es lo más importante para ti en la vida? ¿Sin qué no podrías vivir? ¿Qué es lo que te llena de energía y vitalidad? ¿Con qué vibras? ¿Qué te da más alegría y satisfacción?

Los valores son tu brújula. Cuando eres fiel a lo que para ti es importante, la vida está llena de sentido. Estoy hablando de tu esencia, de tu ser. Tus valores no son los dogmas de tu cultura, tu familia o tus amigos, no son tus creencias, sino las ideas que resuenan profundamente en tu existencia, que hacen que vivas lo que tiene sentido para ti.

Y, ¿cómo sabes lo que resuena? ¡¡Siéntelo en tu corazón!! Si tu corazón se expande, si te sientes alegre, si una sensación de plenitud recorre todo tu cuerpo, estás honrando tu esencia. Te estás honrando a ti mismo. Estás rescatando lo que para ti tiene valor. Durante una sesión de *coaching,* fui espectadora del ideal de libertad y autenticidad que tenía mi cliente cuando se visualizó como un águila volando entre montañas y gritó: ¡lo más importante para mí es la libertad!, ¡la libertad de ser quien soy!

Cuando rescatas tus valores ya no puedes sino vivir en honor a ellos, en honor a ti y a tu esencia para tomar decisiones conscientes en tu vida que te aportan plenitud, que aumentan tu autoestima, que te hacen sentir bien.

Quédate con la sensación en tu cuerpo, la vibración de la alegría dentro de ti, la experiencia que te devuelve el entusiasmo. Esa es la pista de que lo que estás viviendo tiene sentido para ti.

Rescatando tus valores

Tómate un segundo de silencio, respira relajada y profundamente. Tómate tu tiempo para contestar a estas preguntas elaborando una lista con las respuestas que obtengas de cada una de ellas.

¿Qué es lo más importante para ti? ¿Qué te mueve en la vida?

Ahora, pregúntate: ¿Sin qué no podría vivir? ¿Qué es prioritario y absolutamente imprescindible en mi vida? Y continúa rellenando tu lista.

Una vez tengas tu lista de respuestas, valora del 0 al 10 cuánto estás viviendo estos valores en tu vida (0=nada, 10=completamente) y prepárate para seguir leyendo y descubrir cómo puedes iniciar este viaje hacia la plenitud.

Descubre tus talentos

Dios no tuvo tiempo de hacer un don nadie,
solo un don alguien.
Cada uno de nosotros tiene un talento divino
que espera ser desarrollado.

MARY KAY ASH

El entusiasmo es la manifestación de la alegría y la felicidad, es la exaltación del ánimo, etimológicamente proviene del latín *enthusiasmus*, «estar en Zeus», aunque su origen más remoto viene del griego *entheos*, para los que significaba «el dios que habita dentro de ti». «Entusiasmo» también significa fuente de creatividad.

Una persona entusiasta es aquella guiada por una pasión que se convierte en el motor de su vida, aquella que expresa su Dios interior, dentro y fuera de sí, aquella que está orientada por una fuerza y una confianza en sí misma que la hacen brillar y contagiar al mundo.

Cada uno de nosotros es un ser humano completo, lleno de recursos y con infinita capacidad creativa. Además de todos estos dones que nos corresponden como derecho de nacimiento, todos tenemos, a la vez, un talento único y una forma exclusiva de manifestarlo. Ese talento nos pertenece de forma pura y reside muy adentro de nosotros, donde mora todo nuestro potencial.

Todos tenemos un talento único y original y estamos aquí para revelarlo y utilizarlo con entusiasmo. Parte de nuestra necesidad de realización, de nuestra búsqueda vital, está ligada con la expresión de este talento. Cuando afinamos nuestras vidas con nuestros valores y rescatamos nuestros talentos, se crea una chispa de prosperidad y abundancia, una corriente creativa ilimitada. Estamos alineando nuestras vidas con el flujo creativo del universo.

Para descubrir el potencial que reside en tu interior has de acudir con humildad a tu fuente creadora. Una vez más, pregunta a tu corazón, él sabe lo que te apasiona, lo que te motiva, lo que te empuja a vivir, lo que te da fuerzas para levantarte cada mañana, lo que nutre tus sueños.

Profundizar en nuestras pasiones, gustos, aficiones, en las cosas que nos divierten, en los momentos de la vida que nos hacen sentir bien, que nos hacen estar plenamente en el presente, nos da las llaves que abren las puertas a todas las grandes e importantes cuestiones de la vida, nos hace encontrar sentido en la existencia.

Hazte aquí y ahora esta pregunta: ¿Qué cosas te hacen perder la noción del tiempo? ¿Qué te apasiona realmente? No lo pienses, escribe sobre ello, lo más rápido que puedas, escucha las respuestas, eres sabiduría en tu interior, eres una fuente inagotable de recursos, un manantial de vida.

Todo lo que necesitas aprender ya está dentro de ti.

Todo lo que necesitas aprender ya está dentro de ti. Lo único que tenemos que hacer es reencontrar el sendero de las respuestas, recordar lo que ya sabemos y que está guardado muy profundamente dentro de nosotros. Tienes muchas fórmulas para encontrarlas, todo lo que no podemos ver de nosotros mismos lo proyectamos hacia fuera, así que, si no puedes reconocer tus talentos dentro de ti, piensa en una persona a quien admires profundamente: ¿Qué cualidades tiene? ¿Qué admiras de ella? ¿Qué es lo que te encanta de los demás?

Si eres capaz de admirar la genialidad, la creatividad, la locuacidad, la belleza, el liderazgo, la innovación, la colaboración, la expresividad, la actitud, la constancia, la valentía, la aventura, etcétera, en otras personas es porque todas esas cualidades están dentro de ti.

William Shakespeare decía que «sabemos lo que somos pero no lo que podemos llegar a ser». A mí me gusta recordar esta frase cuando pienso en las posibilidades de seguir redescubriéndome, en las oportunidades que la vida me brinda para reinventarme y seguir creciendo por dentro y por fuera, cada vez en contacto más íntimo con lo que soy, avanzando paso a paso en este maravilloso viaje de transformación y evolución vital.

Cuando combinamos nuestro talento único y el servicio a los demás, esa sensación de gozo y expansión se multiplica. Dice un viejo refrán que existen dos maneras de vivir en plenitud: encontrar nuestros talentos para servir a la humanidad, o servir a la humanidad para encontrar nuestros talentos.

Los talentos nos han sido dados para compartirlos. No existe razón para mantenerlos encerrados o para usarlos solamente en nuestro propio beneficio. El talento es un bien superior, universal, y ha de ser comprendido de esa manera para ser expandido y compartido. Cada uno tiene su lugar, su don, su acción que entregar al mundo.

Cuando retenemos nuestros talentos, nos negamos a compartirlos o buscamos solamente el propio beneficio, no suelen funcionar. El ego se apodera de ellos y entonces buscamos afuera de forma desesperada lo que reside dentro. Buscamos reconocimiento, resultados, enfocamos nuestra vida en lo que hacemos para sentirnos poderosos, pero no somos lo que hacemos. Somos lo que somos.

Provienes de una fuente inagotable de recursos, una fuente de abundancia y prosperidad. Nada en esa corriente ofreciendo a los demás lo que tienes para dar y recibe de los demás lo que tienen que ofrecer. La vida es una maravillosa danza en la que el dar y el recibir se complementan.

No te pierdas en tu talento. Úsalo con todo tu corazón, comparte tu regalo, extiéndelo, hazlo visible, hónralo. Harás que los frutos de tu talento se expandan y germinen en otros lugares, en otras almas, y hallarás una felicidad infinita en tu corazón. Cuando reconoces y ejercitas tu talento único dejas que la divinidad, la fuente creadora, se exprese a través de ti.

Descubre tus talentos

¡¡Te invito a salir a la naturaleza!! No olvides llevar contigo tu cuaderno. Ve a un parque, a la montaña, cerca de un río o a dar un paseo por la playa. Acude a un lugar en el que puedas divisar el horizonte, en el que estés rodeado de belleza.

Haz todo lo que tu cuerpo te pida en este momento. Acabas de leer un capítulo sobre tus talentos, tu potencial. Vamos a trabajar con ello. Libera las tensiones, estira tu cuerpo, salta, canta una canción o un mantra, recita un poema que te guste, respira, baila, agradece a la vida, ¡¡¡todo lo que surja desde el interior!!!

Piensa en las cosas con las que disfrutas, que te hacen perder la noción del tiempo. Las cosas que haces sin esfuerzo, que te salen espontáneas y te resultan fáciles. Ahí encontrarás muchas pistas.

Luego piensa en alguien a quien admires. ¿Qué te fascina de los demás? ¿Qué resaltarías en otras personas? Si puedes verlo y apreciarlo afuera es... ¡porque lo tienes dentro!

El autosabotaje como brújula

Cuando una persona pone un límite a lo que hará,
pone un límite a lo que puede hacer.

CHARLES M. SWAB

¿Cuál es el pensamiento más negativo que tienes acerca de
ti? Recupera el pensamiento del ejercicio de la página 120.
La creencia que haya surgido, sea la que sea, es solo un
pensamiento, una memoria del pasado que se ha registrado
como una huella dentro de ti cuando estabas en el útero
materno, en el momento del nacimiento y/o durante la infancia.

Durante los primeros siete años de nuestra vida somos más vulnerables para recibir improntas de este tipo en
nuestro cuerpo emocional y, porque en ese momento no
tenemos recursos para procesarlas, las adoptamos como
verdaderas y permitimos que sellen nuestras vidas.

Esas voces que nos susurran que no somos válidos, que
no merecemos amor, que no somos suficientemente buenos, que somos un fracaso, que no tenemos talento ni derecho a vivir felices, esas voces que nos limitan estarán ahí

una y otra vez, permanentemente presentes en nuestra vida hasta que decidamos escucharlas. Están ahí desde hace mucho tiempo deseando ser atendidas, acogidas, liberadas. Son solo eso, voces, y nuestro problema para amarnos completamente a nosotros mismos no radica en las voces en sí mismas, sino en nuestra identificación con ellas.

Lo importante no son las voces
sino lo que piensas acerca de ellas.

No son las voces, sino nuestra idea acerca de ellas, nuestra relación con ellas y nuestra reacción ante ellas lo que origina el sufrimiento y hace que el pensamiento negativo se perpetúe a sí mismo. Cuando no escuchamos estas voces, cuando no podemos observarlas, las convertimos en parte de nuestra vida. Nos identificamos con ellas. Somos ellas. Son nuestra historia personal y estamos tan acostumbrados a que esas voces formen parte de nuestra realidad cotidiana que nos cuesta mucho esfuerzo separarlas, mirarlas desde otra perspectiva y darnos cuenta de que no somos ellas.

Esas voces poderosas, en el fondo, son creencias acerca de nosotros que necesitan salir a la luz. Nuestro mecanismo automático de protección es dejar estas voces en la oscuridad, omitirlas y mantenernos alejados de ellas sin ser conscientes de que lo que crea esta dinámica es un círculo vicioso en el que las voces surgen una y otra vez queriendo ser escuchadas y limitando nuestra existencia.

Entonces, ¿qué podemos hacer con estas voces? Podemos darles su espacio, podemos traerlas a la luz, podemos hacerlas visibles y palpables, podemos escucharlas y ver que no somos ellas. Podemos abrazarlas en nuestro interior y ver que solo son un juicio acerca de nosotros. Este proceso nos permite ir más allá de esa creencia y liberarla.

Hace un tiempo, mientras trabajaba en la escritura de un artículo, una de esas voces salió a la superficie: «no puedo hacerlo, ¿quién soy yo para escribir esto?, no tiene sentido». Me sentí frustrada, triste y desanimada y decidí salir a dar un paseo por la playa. La voz me perseguía y de repente me di cuenta de la dinámica. ¡De nuevo esa misma voz que me dice que no valgo!, ¡que no soy suficientemente buena!

Esa revelación fue suficiente, sentí como mi cuerpo se expandía y, al momento, sonreí. Cada vez que «cazas» el pensamiento, que te das cuenta de esa voz, puedes ponerla aparte, escucharla y dejar de identificarte con ella, y, al hacerlo, vuelves a ser tu, sin voces, sin pensamientos negativos, siendo un observador de todo lo que se revela.

En el proceso de escritura de este libro todos mis saboteadores salieron al encuentro, parecían haberse puesto de acuerdo para reunirse cada día junto a mi mesa de trabajo. Escuchar a cada uno de ellos sin identificarme con sus mensajes y darme el tiempo para dejarlos partir me permitió trascender ese estado de miedo e inseguridad y continuar escribiendo la mayor parte de este libro centrada, presente, con plena confianza en mí misma y certeza en lo que estaba haciendo.

Diría Thomas Edison que «El fracaso consiste en no persistir, en desanimarse después de un error, en no levantarse después de caer». Esas voces están ahí para ser liberadas y para ser trascendidas. Muchas personas han llamado a esa voz «la sombra», «el saboteador» o «el crítico interior». Muchos piensan que no hay que escuchar esa voz, que hay que luchar contra ella, pero, según mi experiencia, eliminar la voz no funciona porque solo podemos eliminarla temporalmente. Más adelante, en otra circunstancia de nuestra vida esa voz saldrá de nuevo para reclamar su espacio.

Además, al tratar de esconderla, lo que consigues en realidad es aumentar su poder, incrementar su necesidad de ser escuchada. Es como anular una parte de ti que necesita salir a la luz para liberarse. Mientras no la escuches seguirá saliendo para llamar tu atención. No sirve dejar de escucharla y tampoco excluirla. Eliminar la voz es eliminar una parte de ti que desea liberarse. Es un rechazo hacia ti... y no da resultado.

Cuando aceptas y acoges esa voz
sin identificarte con ella, la liberas.
¡Te liberas!

Esa voz que te dice que no tienes talento está ahí para recordarte que tienes un talento oculto por descubrir. La voz que te dice que no eres suficientemente bueno te está invitando a reconocer tu propia grandeza. Aquella que te dice que no mereces amor te reta a que te ames más que nunca. Cada una de esas voces es un recordatorio para que saques a la luz todo lo que ya no te sirve. La voz es en realidad un instrumento de sanación. Te enseña las partes de ti que están en la sombra y que necesitas reconocer para volver a sentirte completo, e insisto, para volver a sentirte completo porque ya somos y existimos de forma completa, aunque no podamos vernos de esta forma.

«Despertar» significa recuperar tu poder personal y brillar más allá de tus voces. Ya sabes que están ahí, acógelas, reconoce que tienen su lugar dentro de ti y que seguirán surgiendo una y otra vez hasta que las escuches. Utiliza la voz para hacerte consciente y para avanzar en la vida, cuanto más grande es tu sueño o tu talento, más grande es tu saboteador, así que este te indica el tamaño de tu grandeza, la dimensión de tu potencial.

Escuchar al saboteador sin identificarte con él, recibir su mensaje y dejarlo partir es una buena excusa para seguir creciendo y avanzar hacia la plenitud. No te dejes influenciar por esa voz, no eres esa voz y no tiene poder sobre ti.

Desvelando el autosabotaje

¡¡Reconoce!!

Escribe el pensamiento más negativo que tienes acerca de ti.

Recuerda de donde viene ese pensamiento, ¿cuándo lo has vivido en el pasado? Escribe ese pensamiento y obsérvalo durante unos segundos. Tú no eres ese pensamiento. Es solo una creencia acerca de ti mismo, una creencia negativa.

¡¡¡Afirma!!!

Escribe un pensamiento que refuerce una creencia positiva en ti, elabora una afirmación que te ayude a neutralizar esa creencia negativa y a enraizar la creencia positiva.

Escribe esa afirmación en un lugar donde puedas verla varias veces al día o pon una alarma en la agenda de tu teléfono móvil u ordenador donde la veas.

¡¡¡¡Comparte!!!!

Comparte ese pensamiento negativo con algún amigo con el que sientas que puedes abrir tu corazón.

Compartir ese pensamiento negativo quita poder al ego y refuerza nuestra autoestima. Contrariamente a lo que podamos pensar, la vulnerabilidad nos devuelve poder personal.

¿Dónde está esa voz?

Cuando permitimos a la voz expresarse, cuando estamos con ella, podemos experimentar que solo es una voz y que no tiene ningún poder sobre nosotros.

Entonces puedes incluso sentirla, dentro de ti. Cuando ese pensamiento se manifiesta, mantente conectado con tu cuerpo.

Recurre a este ejercicio cada vez que una de esas voces aparezca. Identifica donde se encuentra, ¿en qué parte de tu cuerpo está? Toca esa parte de tu cuerpo. Quédate con tu emoción tanto tiempo como necesites para liberarla. Permanece con ella, siéntela profundamente, acógela. Verás que, al hacerlo, la voz se libera, la emoción se expresa y la angustia, la tristeza y la aflicción desaparecen.

Detrás del juicio

Madurez es lo que alcanzo cuando ya no tengo
necesidad de juzgar ni culpar a nada ni a nadie
de lo que me sucede.

ANTHONY DE MELLO

Todo lo que decimos evidencia lo que somos. Todo lo
que consideramos positivo o negativo fuera de nosotros,
lo tenemos adentro. La realidad es que nos cuesta mucho
vernos a nosotros mismos y que las relaciones son los espejos que la vida nos muestra para reflejarnos.

Las otras personas nos revelan los mensajes que necesitamos escuchar, despiertan en nosotros la aceptación o
el juicio. Aquello que no soporto de mi hermana es lo que
no soporto (y no reconozco) de mí. Aquello que admiro
secretamente de mi padre, lo llevo escondido dentro de
mí. Aquello que juzgo de mis compañeros de trabajo, está
de igual manera en mi interior. Todas y cada una de las
personas que están en nuestra vida nos traen la invitación
de vernos, conocernos, saber quiénes somos.

Estamos rodeados de espejos. Cada situación que se

presenta, cada persona que nos encontramos nos muestra el mundo en el que vivimos. Las relaciones con los demás avivan nuestro sentido de admiración o juicio, y esa realidad que vemos a través de otros es la realidad que nos pertenece y que no podemos ver dentro de nosotros. Necesitamos el espejo para poder vernos.

Cuando abrazamos esta perspectiva de la vida dejamos de ver afuera héroes o enemigos y comenzamos a ver mensajes y mensajeros. A veces nos gusta lo que vemos, otras lo detestamos. Observar nuestros juicios es la mejor manera de saber qué está vivo dentro de nosotros, pendiente por sanar o pendiente por expresar en la totalidad de su grandeza.

Michael Brown explica en su libro *El proceso de la presencia* que cuando reaccionamos ante un mensaje que no queremos escuchar, lo que hacemos es disparar al mensajero. La persona trae la enseñanza a nuestra vida pero nosotros reaccionamos ante ella.

Se trata de ver más allá de la persona, más allá de la circunstancia de lo que significa ese mensaje para nosotros y acogerlo, porque encierra una enseñanza que vendrá una y otra vez a nuestra vida con el fin de ser aprendida.

Las relaciones son grandes espacios de crecimiento, yo diría que lugares sagrados de crecimiento. Provocan un gran abanico emocional dentro de nosotros: miedo, enfado, ira, tristeza, decepción, frustración, alegría, amor, confianza, seguridad.

Una gran amiga me comentaba recientemente que ha

pasado los últimos años de su matrimonio culpando a su marido de toda su infelicidad, haciéndole responsable de las carencias de su vida y destacando todo lo que él hacía mal. Ahora que está separada y ha emprendido un profundo camino de crecimiento personal, se ha dado cuenta de que cada una de las cosas que juzgaba de él, eran las cosas que no aceptaba de ella misma. Este fenómeno se conoce como proyección.

Los seres humanos nos movemos en los extremos. Esto ocurre porque es la mejor manera de construir una imagen «válida» de nosotros para ser aceptados. No podemos vivir sin la aceptación de los demás, sin el reconocimiento externo, sin la sensación de pertenencia a un grupo, familia, sociedad, entorno y, para conseguirlo, estamos dispuestos a construir una imagen de nosotros que está muy alejada de ser lo que realmente somos.

La palabra «persona», del latín *máscara*, nos ayuda a comprender esta dinámica. Escondemos las facetas que no hemos sido capaces de integrar, aquellas partes a las que tenemos miedo, que nos hacen sentir vulnerables o que dejan al descubierto nuestro interior. Las dejamos en la oscuridad y dedicamos un gran esfuerzo a mantener esa máscara ficticia que oculta nuestro miedo e inseguridad... y también nuestra grandeza.

Pero nada permanece en la oscuridad para siempre y esas partes se revelan una y otra vez en su empeño de salir a la luz y ser finalmente reconocidas. ¿Cómo lo hacen? A través de todo aquello que nos «enchufa» de los demás, apretando esos botones que nos hacen saltar cuando vemos en alguien una cualidad que no reconocemos de nosotros.

Los demás activan nuestros detonadores emocionales, aprietan nuestros botones más sensibles y en nosotros se produce una descarga eléctrica que disparamos afuera: nos defendemos, queremos tener la razón, reaccionamos, atacamos, culpamos al otro de nuestro sufrimiento o de nuestras carencias y lo enjuiciamos, concluyendo que esa relación no es para nosotros, o manteniéndonos en la misma relación, viviendo constantemente los mismos ataques de ira, miedo, frustración, tristeza y hartazgo.

El exterior nos muestra lo que llevamos adentro. Nuestras reacciones son la confirmación de lo que existe en nuestro interior, de nuestras proyecciones y de cómo estas regresan a nosotros sin que ni siquiera podamos sospechar que todo está en nuestro interior. Cuando amamos y nos sentimos enamorados de otra persona, estamos viendo la parte más amorosa, bella y brillante de nosotros. Cuando odiamos a una persona, odiamos en su imagen algo que llevamos dentro. Lo que no está en nosotros nos deja indiferentes.

Lo que no aceptas de los demás
es lo que no aceptas de ti mismo.

Creo firmemente que nada es por casualidad y que las personas se encuentran en esta vida para crecer, evolucionar, para despertar a un estado elevado de conciencia, para vivir cada vez más alineados con su ser. Almas que se unen con un propósito de evolución. Todos somos maestros de todos. Todos estamos en el sendero del aprendizaje. Cada uno de nosotros porta en su interior las llaves de acceso a su conocimiento interno. Los demás están ahí para detonar las emociones que contienen esas llaves. Cuando acepto mis emociones como propias y me hago responsable de ellas, la emoción se libera, la llave se muestra, la puerta se abre y una gran liberación acontece.

Confucio decía «es mejor encender una vela que maldecir la oscuridad». Liberar los patrones emocionales de la infancia forma parte de nuestro compromiso evolutivo, de nuestra toma de conciencia. Esa es la forma de poner luz.

Más nos atrevemos a sanar, más conscientes nos hacemos de nuestra grandeza, más nos liberamos de las ataduras de nuestro pensamiento y más nos sentimos alineados con la vida.

Esta vida es como la casa de los espejos de un parque de atracciones: todo lo que vemos a nuestro alrededor no son sino distintas facetas de nosotros. A medida que los reconocemos y aceptamos, estos espejos comienzan a alinearse creando un solo espejo, grande, diáfano, brillante, que nos muestra la total aceptación de lo que somos, nuestra magnificencia, nuestro brillo y nuestra esencia.

Reconocernos completamente, con nuestra luz y nuestra sombra, nos devuelve la completitud, la armonía con nosotros y el entorno que nos rodea. La total aceptación de quienes somos nos permite crear la realidad que deseamos y vivir en paz y serenidad con nuestro ser. El milagro ocurre cuando nos aceptamos y nos amamos a nosotros. De repente, nada afuera tiene el poder de perturbarnos. Aceptamos la realidad tal y como es. Aceptamos el viaje de cada ser humano que se cruza en el camino sin juzgarlo. ¿Qué ha cambiado? Solo una cosa. La aceptación de nosotros mismos.

Destapando el juicio

Toma un par de respiraciones profundas, relaja tu cuerpo, respira de forma fluida, sin prisa, sin ansiedad, tómate tu tiempo para inhalar y exhalar.

Ahora piensa en tres personas que admires y escribe cinco cualidades de ellas. Haz una pausa cuando termines y estira tu cuerpo, mueve tus manos y piernas y prepárate para respirar de nuevo, de forma fluida, un par de veces más.

Ahora piensa en tres personas con las que te cueste mucho convivir, personas que te generen rechazo o que no soportes y escribe cinco cualidades de ellas.

Tanto la primera lista como la segunda te están dando

cualidades que pueden estar en la superficie o en la profundidad. Es posible que reconozcas algunas de ellas e identifiques cuándo juegas esos papeles en distintas áreas de tu vida, y es posible que te horrorices con otras y que no desees aceptar que están dentro de ti, pero lo están.

Aceptarlas es el primer paso para acogerlas, y acogerlas es el paso necesario para sanarlas.

Érase una vez la sombra

Uno no se ilumina imaginando figuras de luz
sino haciendo consciente la sombra.

CARL JUNG

Jung denominó «la sombra» a la parte de nosotros que no podemos aceptar, que se ha quedado escondida por miedo, inseguridad, ignorancia, vergüenza o falta de amor y que ha permanecido oculta de forma inconsciente a lo largo de nuestra vida. Asimismo, Jung pensaba que solo integrando la sombra podíamos ser completos, auténticos, ser nosotros mismos desde la totalidad.

En la sombra están aquellos aspectos de nosotros que hemos negado, que hemos aprendido a rechazar y que hemos decidido esconder para convertirnos en quienes «deberíamos» ser. En la oscuridad está la parte de nuestro ser que más necesita nuestra aceptación, nuestro amor, nuestra escucha para florecer con todas sus cualidades y para ser integrada en la totalidad de nuestra vida, como un todo.

El trabajo con la sombra nos lleva a un nuevo lugar de nuestra conciencia donde tenemos que abrir nuestros corazones a todo lo que llevamos dentro y a toda la humanidad. Todo está en nosotros: el sol y la sombra, el ángel y el diablo. Es hora de encender una vela en medio de la oscuridad. Como decía Heráclito, «Todo hombre puede encenderse a sí mismo una luz en la noche». El proceso de reconocer la sombra es el proceso de sabernos completos y perfectos a nuestros propios ojos. ¿Recuerdas la actitud del testigo? ¿Recuerdas que hablábamos de observar nuestros pensamientos sin identificarnos con ellos, sin evaluarlos, sin juzgarlos, sin etiquetarlos como buenos, malos, feos o dolorosos?

Necesitamos ser ecuánimes para abrazar la sombra e integrarla. Este acto nos permite llevar a cabo el verdadero autodescubrimiento y la profunda transformación. Dejarnos «ser», aceptarnos como somos, activar ese testigo interior que no se resiste contra la vida ni contra sí mismo, sino que se acepta. Cuando aceptamos una situación somos capaces de elevarnos por encima de ella y comprender su significado.

Los aspectos de nosotros que hemos olvidado en la oscuridad vienen generalmente de la infancia. Pongamos varios ejemplos: alguien nos reprochó o nos riñó por hacer berrinches y hemos aceptado que hacer berrinche y mostrar las emociones era malo; o nos reprendieron por cantar demasiado alto, o todo el tiempo, y nosotros nos sentimos incomprendidos y pensamos que no teníamos talento para expresarnos; o quizá alguien nos reprobó por estar todo el día jugando y no pensar en otra cosa y nosotros hemos asumido que disfrutar de lo que uno hace lo convierte en un holgazánna.

Las actitudes que estas experiencias desencadenan en nuestra vida nos pueden resultar asombrosas. Si hemos asumido que expresar las emociones es malo, seguramente reprimamos todos nuestros sentimientos y no seamos capaces de expresarlos, conteniendo dentro de nosotros una gran rabia, inseguridad o tristeza. Si hemos dado por hecho que no somos creativos y molestamos cuando hacemos algo que nos gusta, esto nos incita a no estar expresados o no realizar cosas creativas en nuestra vida, produciéndonos una gran frustración.

De la misma forma, alguien puede pensar que es un holgazánna por disfrutar del tiempo libre, y hasta llegar a sentirse culpable por disfrutar de la vida, generando una enorme culpa y tristeza en su interior cuando no trabaja o hace algo productivo. ¿Os resuena?

Todas esas dinámicas que permanecen en la sombra dirigen nuestra vida de forma inconsciente. El mecanismo para ser aceptados por los demás es rechazar esos aspectos de nosotros y generar una dinámica de sobrecompensación, es decir, la persona que tiene rabia contenida tratará de convertirse en un ser dócil y manso, el creativo se volverá un ser racional y el que se siente un holgazán se convertirá en un superproductivo.

Descubrir nuestra oscuridad nos libera de ella.

Nos pasamos gran parte de nuestra vida viviendo en los extremos. Así buscamos protección, jugando a un personaje que no somos. La buena noticia es que visitando los extremos comprendemos el valor del equilibrio y revivimos el anhelo de regresar al centro. A lo que verdaderamente somos. Es, una vez más, una forma de aprendizaje.

Para abrazar la sombra tenemos que atrevernos a hacerla consciente. ¿Cómo? Traer a la luz las dinámicas, los patrones que dirigen nuestra vida, aceptarlos sin juicio, aceptarnos con todo nuestro amor. Aceptando lo que existe adentro nos hace sanar y, automáticamente, nos hace aceptar todo lo que ocurre afuera. Aceptamos la realidad como es y las personas como son. Afuera todo sigue siendo igual, ¿qué es lo que ha cambiado?

No hay nada que podamos percibir que no seamos. Nuestra reacción al comportamiento de otros nos muestra un aspecto no resuelto de nosotros. Si lo que ocurre a tu alrededor te afecta, míralo dentro de ti. Si lo que ocurre a tu alrededor te deja indiferente, probablemente es algo que no necesitas trabajar de ti mismo. Observa tu enfado, tu indignación ante el comportamiento ajeno, que te despierta la envidia en los demás o te hace enjuiciar el modo de vida de otras personas. Tendrás una multitud de pistas para alumbrar tu sombra, aceptarla y sentirte completo.

Integrar la sombra

Dedica un tiempo para relajarte y pasar un momento contigo. Todas las respuestas que necesitas saber están dentro de ti. El tiempo y el silencio son esenciales para permitir que estas se manifiesten.

Siéntate o acuéstate en una postura cómoda, cierra los ojos y toma unas respiraciones profundas. Al inhalar, siente el aire de la vida entrando dentro de ti. Al exhalar, suelta cualquier tensión y relaja tu cuerpo. Haz varias respiraciones con calma y forma parte del momento presente.

Con los ojos cerrados y el cuerpo relajado, imagínate entrando en un ascensor, aprietas un botón y el ascensor desciende siete pisos, a un lugar de quietud, a un lugar de consciencia.

Cuando la puerta se abre descubres que hay un jardín maravilloso y un camino que te invita a descubrirlo. Este es tu jardín sagrado, observa todo lo que existe a tu alrededor: los colores de los árboles, el aroma de las flores, el canto de los pájaros. Visualiza todo lo que existe en ese jardín. ¿De qué color es el cielo? ¿Cómo es el camino por el que transitas? Siente la luz del Sol acariciando tu piel. ¿Qué llevas puesto? ¿Qué ves a tu alrededor?, ¿hay cascadas o un lago?, ¿estás cerca del mar o la montaña?, ¿hay algún animal, allí?

Cuando hayas terminado de recorrer tu jardín, acude a un lugar sagrado en donde puedas meditar unos instantes y acceder a las respuestas de tu alma. Respira nuevamente con serenidad y amor por la vida, inspira vida y expira relajación.

Conecta con ese lugar de sabiduría dentro de ti. Tú tienes todas las respuestas. Tómate tu tiempo para escucharlas y no te precipites. No tienes prisa y puedes volver a este lugar sagrado cuando lo desees.

A continuación vas a hacerte varias preguntas. Tómate tu tiempo para escuchar las respuestas. No te preocupes por escribirlas. Centra tu atención en escuchar y comprométete con recordar.

¿A qué le tengo más miedo?

¿Qué es lo que tengo más miedo que los demás descubran de mí?

¿Qué es lo que tengo más miedo a descubrir sobre mí?

¿Qué me impide hacer lo que deseo en mi vida?

Toma unas respiraciones profundas y agradece las respuestas que hayas recibido. Puedes llevarte un recuerdo de este lugar. Elige algún objeto que veas a tu alrededor o que simbolice para ti tu sabiduría interna.

Lentamente, regresa al sendero que te trajo a tu lugar sagrado y al ascensor de regreso a esta habitación y aprieta el botón para subir. Estás ascendiendo a tu vida cotidiana con una mayor consciencia. Ya estás de vuelta. Cuando estés preparado, abre los ojos. Apunta las respuestas en tu cuaderno.

Liberarse del miedo

El miedo siempre está dispuesto
a ver las cosas peor de lo que son.

TITO LIVIO

Con el fin de demostrar la sensibilidad del agua a los sentimientos, sonidos y pensamientos, Masaru Emoto tomó unas muestras de agua de una fuente de agua pura en Japón, congeló unas gotas, las examinó bajo un microscopio electrónico y las fotografió nuevamente. Las fotografías mostraron hermosos hexágonos cristalinos parecidos a copos de nieve. Entonces tomó varias muestras en ríos contaminados, las congeló y fotografió. Comprobó que la imagen que aparecía en ellas no era un hexágono simétrico, sino una forma desestructurada, demostrando que el agua es sensible al entorno y la vibración donde se halla.

En *Los mensajes del agua,* Emoto nos cuenta cómo los pensamientos, sentimientos y estímulos del entorno afectan a las moléculas de agua mediante un estudio en el que introdujo agua destilada en varias botellas y puso en ellas etiquetas diferentes como «amor», «miedo», «gracias», «odio», las dejó toda la noche y después las congeló y fotografió una vez más. Cuando observó las moléculas de agua comprobó el mismo efecto. En las botellas en las que los pensamientos o emociones estaban basados en una vibración de amor, agradecimiento y respeto, los hexágonos se revelaban. En las que había colocado pensamientos de odio, dolor o miedo, las moléculas de agua se desestructuraban.

Su descubrimiento fue revolucionario y nos invitó a pensar cómo afectan nuestros pensamientos a nuestras emociones y a nuestra calidad de vida si más del 70% de nuestro cuerpo es agua.

El miedo aparece como respuesta. Como una reacción de nuestro cuerpo, y al igual que el resto de las emociones, aparece para ver la luz, para salir de la oscuridad y despertar. Ha estado dentro nuestro mucho tiempo y él también necesita aire. Liberarse. Ser trascendido. Mutar y evolucionar.

Seguimos apegados al miedo porque no nos proponemos mirarlo de frente, entenderlo, comunicarnos con él y dejarlo que siga su camino. Cuando lo vemos venir, cuando lo sentimos en nuestro cuerpo, cuando compartimos ese miedo con alguien querido, el miedo comienza a liberarse. Seguramente tenga la necesidad de seguir saliendo, varias veces, para ser sanado por completo, pero una vez que descubres la fórmula de trascender las emociones, una vez que sabes que las emociones salen a la luz para liberarse y liberarte, la vida cambia totalmente de perspectiva.

El miedo es una forma de resistencia. Nuestro miedo nos muestra nuestra falta de confianza en la vida, nos muestra la falta de confianza en nosotros y nos lo muestra para que podamos ir más allá de él. Para que trascendamos esta visión limitada de nuestro ser.

Y ¿cuándo aparece? Aparece en la expectativa. Aparece en el futuro. Aparece en las fantasías e ilusiones que nos hacemos con los demás o con las circunstancias. Alejarnos del presente es una garantía para afianzarnos en el miedo. Miedo al ahora. Miedo al mañana. Miedo a lo que va a ocurrir dentro de veinte años. Miedo a la vida y miedo a la muerte.

Nuestro momento presente está enfocado en el mañana, en una expectativa ilusoria que nos quita la esencia y la ilusión. La plenitud existe en el presente. La vida existe en el presente.

Es curioso que la forma más rápida del ser humano para apreciar la vida sea ante la ausencia de vida. Paradójico, ¿no? Cuando enfermamos o nos encontramos al borde de la muerte. Cuando alguien cercano padece una enfermedad terminal o se muere un familiar o amigo querido es cuando más parecemos apreciar y reconocer que la vida es valiosa. Entonces deseamos vivirla con plenitud. A veces la vida nos trae mensajes o circunstancias fuertes de forma radical porque esa es la forma de despertarnos. Esa es la forma de comunicar: la muerte está en cualquier parte. ¿Quieres seguir dormido o vas a hacer lo que has venido a hacer?

Sin necesidad de llegar hasta ese extremo, puedes conectar con esas ganas de vivir aquí y ahora. Con la necesidad de conectar con el valor de la vida que pasa a cada instante. Tu vida está ocurriendo en este mismo momento. ¿Qué harías si te quedara solo un año de vida?, ¿estarías haciendo lo que haces hoy?, ¿tomarías las mismas decisiones?, ¿seguirías viviendo de la misma manera? ¿Qué cambiarías?

¿Estamos comprometidos con la vida? ¿Estamos comprometidos con nuestros sueños? Cuando te comprometes contigo mismo en vivir plenamente, la vida se manifiesta ante ti abriendo senderos que nunca hubieras podido imaginar.

Hace falta valentía, osadía y coraje para vivir con amor por la vida. Para decir sí a esta experiencia humana. Para reinventarnos a cada instante y aventurarnos en la magia de lo desconocido.

¡Confía!, ¡confía!, ¡confía!
¡Ríndete a la magia de la vida!

Vivir y disfrutar del misterio de la vida es sencillo si confías. Si te rindes. Si te liberas de la necesidad de tener la respuesta. Somos gotas de agua en el océano de la vida. El oleaje nos transporta a las experiencias que necesitamos vivir para despertar. Somos un océano de sabiduría, ya no nos sirve ser una gota miedosa en medio de un océano de abundancia y amor. La gota contiene en sí misma todo lo que necesita para alcanzar la plenitud. Solo tiene que rendirse al oleaje de la vida y dejarse llevar.

¡Confía!

Este ejercicio es un alto en el camino para respirar y avivar nuestra pasión por la vida. Estamos en la mitad del camino de este viaje del despertar, ¡vamos a celebrar!

Te invito a pasar un rato de juego y creatividad. Coge una cartulina, lápices de colores y rotuladores y pinta un mandala vital. Haz un círculo y recoge en él la vida que sueñas, lo que harías si te quedase solo un año de vida, pinta y escribe todo lo que se te ocurra. ¿Qué harías? ¡Pinta con confianza en la vida!, y realiza un firme compromiso contigo mismo de vivir comprometido con la abundancia y la confianza, con amor por ti a partir de ahora, pinta todo lo que para ti sea importante, lo que desees en tu vida a partir de este momento.

Pon fuera de ese mandala tus inseguridades, miedos, pensamientos de juicio y limitaciones, todo lo que se interpone entre tu camino y tus sueños.

Cuando hayas terminado recorta tu mandala y quédate con lo que existe dentro de él, quédate con lo que de verdad deseas en tu vida. Lo de afuera no sirve a tus propósitos vitales, ya no te sirve en este momento de la vida.

Puedes recortar esas palabras de miedo y limitación y ponerlas en un cuenco o algún recipiente donde puedas quemarlas y entregarlas al viento del cambio, ya no te sirven. Siéntelas salir de tu cuerpo mientras el fuego se aviva y las convierte en cenizas, eso es lo que serán a partir de ahora.

Para terminar este ejercicio, planta una semilla o compra una planta que regarás y cuidarás a partir de ahora, es tu nueva semilla de confianza en la vida, colócala cerca de ese mandala de sueños y cuida de que tenga agua, luz y cuidados para que se mantenga llena de vida.

Tu mandala es una hermosa carta náutica para guiarte por el océano de la vida a partir de ahora. ¡Disfrútalo!

Tu planta es tu símbolo de confianza para cada día. ¡Riégala! ¡Cree en la vida! ¡Abre tu corazón y confía!

Abrazar las emociones

Tal vez nuestros ojos deban ser lavados
por las lágrimas de vez en cuando
para que podamos ver la vida más claramente.

ALEX TAN

Unos días antes de escribir este capítulo me encontraba
sola en casa, sentía el pecho apretado, mi cuerpo encogido
y una profunda sensación de tristeza dentro de mí. Pensaba: ayer estaba encantada de la vida. Llevo semanas plena
y satisfecha, con un gran equilibrio interior y en armonía
conmigo misma. ¿Qué ha ocurrido? ¿Por qué me siento
hoy de esta manera? Di vueltas por la casa con aquella sensación dentro de mí y me parecía estar entrando en un estado de desconsuelo todavía más profundo.

Me fui a la ducha, abrí el agua caliente y comencé a disfrutar y aceptar aquel estado de tristeza. Me relajé en él,
cerré los ojos y dejé que el agua recorriera todo mi cuerpo
y acepté que todo estaba bien. Acepté ese estado de tristeza. Puse las manos en el pecho, respiré profundamente y
me dije: lleno de amor este espacio de mi cuerpo, lleno de

amor este sentimiento de tristeza, lo acojo y lo abrazo. Te quiero y te cuido, estás a salvo conmigo.

Salí de la ducha, acaricié todo mi cuerpo con crema hidratante y aceite y me vestí cómodamente para ir a dar un paseo. Mientras me vestía observé que mi cuerpo se sentía diferente, me sentía más ligera y sin esa sensación de contractura en el pecho. Salí de casa sonriendo, paseé por la playa y disfruté de un día maravilloso.

Las emociones que están contenidas dentro de nosotros necesitan salir a la superficie. A veces tenemos simplemente una necesidad insatisfecha muy profunda, una emoción reprimida o un sentimiento que nos da miedo expresar, pero cuando lo hacemos, la emoción se libera y el sentimiento se expande, creando de nuevo equilibrio y plenitud en nuestra vida.

Dice Eckhart Tolle en el *Poder del ahora* que la emoción es el reflejo de la mente en el cuerpo y que cuanto menos conscientes somos de nuestros pensamientos y emociones, más se intensifican a nivel corporal para hacernos conscientes de ellas, llegando incluso a la enfermedad.

Abrazar las emociones, sentirlas en nuestro cuerpo, amarnos en esos momentos de vulnerabilidad, tristeza y desasosiego es la llave maestra para conectar de nuevo con nuestro corazón y aceptarnos tal y como somos. Es una maravillosa oportunidad de reencontrarnos con partes de nuestro ser que por algún motivo están heridas o más necesitadas de cariño y ayudarlas a integrarse, a liberarse, a ser una parte reconocida de nosotros.

Nuestro cuerpo es sabio como la naturaleza y nos da señales de alarma. A veces son estados emocionales. Si somos capaces de escucharlos y acogerlos, somos capaces de trascenderlos. Si no, la emoción se ve obligada a manifestarse de una forma más contundente y profunda, para hacernos entender que está allí, dentro de nosotros, totalmente desatendida. No es casualidad que la mayor parte de las enfermedades de la sociedad actual tengan su origen en nuestro cuerpo emocional. Merece la pena reflexionar sobre ello.

Cuando hablamos de tener calidad de vida y satisfacer nuestras necesidades solemos referirnos al aspecto material. Sin embargo, nuestras necesidades básicas más esenciales son las que están conectadas con nuestro equilibrio interior. Tenemos una profunda necesidad de paz, bienestar, armonía, amor, respeto, calma, serenidad y comunicación que parecen no estar incluidas en el paquete de calidad de vida que la sociedad nos ofrece y no nos lo ofrece porque no puede ofrecer algo que está dentro de nosotros.

La pista para satisfacer tus necesidades
más básicas es parar, escucharte, sentirte
y abrazar todo lo que surja, sea lo que sea.

Ese es el antídoto, amarnos, cuidarnos, satisfacer nuestras necesidades en esos momentos en los que la emoción explota. Hacer una pausa en nuestra vida. Darnos un momento de silencio. Permitirnos el placer de escuchar dentro de nosotros y acoger las emociones que han estado desatendidas durante tanto tiempo.

La toma de consciencia sobre nuestras emociones nos ayuda a liberar toda la carga emocional que llevamos dentro y que pesa tanto en nuestras vidas. Abraza y libera esa parte de tu cuerpo que pide ser escuchada. Cuando lo haces, permites que la plenitud germine dentro de ti.

Liberar las emociones

Acoge y abraza las emociones que surjan y acuérdate de amarte y concederte un espacio de escucha y cuidado. Siente tu cuerpo, él te habla. Localiza esa emoción dentro de ti, hazla consciente, déjale espacio para que se manifieste. Esa es la única forma de liberarla.

Cuando te sientas mal de repente y surjan emociones dentro de ti, pregúntate: ¿Cómo me siento en este momento? Siéntete. Observa esa emoción. ¿Dónde la sientes? ¿En qué parte de tu cuerpo? ¿Qué sensación te trasmite? Si lo que sientes es bello y expansivo, si te llena de alegría ¡vívelo completamente! Si lo que sientes es duro y difícil de acoger, si te trae recuerdos amargos o dolorosos, vívelos y siéntelos en profundidad. Aparezca lo que aparezca: Opresión, pesadez, ahogo o libertad, expansión, paz... Ve lo más profundo que puedas dejándolo ser y observa lo que ocurre.

Cuando sientas que estás ansioso, estresado o comprimido, pregúntate: ¿Qué necesito en este momento? Concédetelo. Observa lo que genera en tu cuerpo todo ese estrés. ¿Por qué corres? ¿Puedes tomártelo con calma y darte lo que necesitas, sea lo que sea, sin excusas, en ese momento?

Aceptar lo que es

En el mundo hay tan solo un heroísmo:
ver el mundo tal cual es y amarlo.

ROMANÍ ROLLAND

Al hablar de presencia, hablamos de consciencia, de ser, de ese momento infinito que es el ahora y de habitarlo completamente. La vida pasa segundo a segundo, se manifiesta a cada instante y nos regala una experiencia tras otra. Solo hay dos formas de responder a lo que la vida nos ofrece cada día: aceptación o resistencia.

La aceptación es nuestra capacidad para abrazar lo que nos ocurre y aprender de ello. Es comprender que la vida nos enseña y pone ante nosotros las circunstancias más adecuadas para nuestro aprendizaje. Nos hace lidiar con determinados problemas, personas, situaciones, acompañándonos codo con codo para ayudarnos a crecer, a madurar, a ser mejores.

Ser tú significa permitirte crecer en cada experiencia en lugar de maldecirla, permitirte utilizar el conflicto como vía para el crecimiento, permitirte el error como una forma de aprendizaje y felicitarte por ello. Cada una de las experiencias que la vida nos da tiene el propósito de ayudarnos a tomar consciencia, de mostrarnos el camino que necesitamos vivir para evolucionar. La vida sirve a los propósitos más elevados del alma y nos brinda las oportunidades perfectas de autorrealización.

Pero ¿qué nos ocurre? El ego suele tomárselo todo demasiado en serio, así que nos sentimos ofendidos por la actitud de otras personas. Reaccionamos ante las circunstancias que nos parecen injustas. Nos ponemos a la defensiva porque nos sentimos atacados por la vida. Esa es nuestra actitud de resistencia.

La resistencia es la negación de la vida, de que todo es perfecto y ocurre para nuestro propio bien, en nuestro beneficio y para nuestra evolución. La resistencia es la reacción del ego a las circunstancias de nuestra vida que nos brindan un crecimiento. Cuando el ego se siente amenazado, constreñido, acorralado, trata desesperadamente de querer tener la razón, a toda costa, con tal de resistir el mágico e incesante fluir de la vida.

La cura a esta dinámica del ego
es la rendición al momento presente,
la aceptación de todo lo que ocurre,
sin excusas, quejas o resistencias.

Un gran amigo y guía espiritual estadounidense me explicaba un día que el éxito espiritual está medido por nuestra actitud ante las circunstancias de nuestra vida. Tienes éxito en la medida en que conviertes cada circunstancia de tu vida en un aprendizaje.

¿Y si todo lo que ocurre en nuestra vida nos trae un aprendizaje? ¿Cómo encaja en tu vida este cambio de perspectiva? Haríamos un cambio radical, si en este mismo instante pudiéramos reemplazar la queja, la culpa y el juicio por la actitud: si esto me ocurre es porque tengo algo que aprender. ¿Qué me trae esta experiencia? ¿Qué me trae el conflicto con esta persona? ¿Cuál es el mensaje para mí? ¿Qué puedo aprender de esta situación?

Hay una gran diferencia entre reaccionar y responder. El mundo sería distinto si aceptáramos que atraemos a las personas y situaciones ideales para sanar, para aprender y evolucionar. Tú puedes empezar ahora, no seas más una víctima de las circunstancias, toma responsabilidad en tu vida. Acepta todo lo que llega con humildad y, como decía Mahatma Gandhi, «sé el cambio que quieres ver en el mundo».

Responder o reaccionar

Este ejercicio, una vez más, es una invitación para ayudarte a tomar consciencia de cómo respondes o reaccionas ante los sucesos que ocurren en tu vida.

Repasa el día de hoy y piensa en aquellas circunstancias del día por las que te has sentido molesto o enfadado, que te han arrancado una queja o un disgusto, algo por lo que te has sentido preocupado o te ha parecido injusto.

Apúntalas en un papel o en tu diario y trabaja sobre ellas. Aléjate un segundo de las personas o las circunstancias y pregúntate: ¿Qué mensaje hay para mí en esta situación?, ¿qué es lo que puedo aprender?

Apúntalo también en tu cuaderno.

Te invito a tomar consciencia de la cantidad de veces que estas circunstancias se repiten en tu vida y a que las escribas, a que reflexiones sobre ellas, a que más que reaccionar te ayuden a responder y a tomar buena nota de su aprendizaje. Todos tenemos algo que aprender de cada circunstancia que la vida nos ofrece. De ti depende la oportunidad de aprovecharla.

Observa los conflictos o situaciones difíciles que se presentan en la vida cotidiana. No te identifiques con las adversidades, ve más allá de ellas, míralas desde una nueva perspectiva, ten una visión espacial de la situación y aprende lo que ese conflicto trae para ti. En cada situación de la vida hay una oportunidad para aprender.

Ten a mano, como un botiquín de primeros auxilios, las siguientes preguntas:

¿Qué es lo que esta experiencia tiene para mí?

¿Qué me quiere enseñar la vida?

¿Qué puedo aprender de esta situación?

Practica esta nueva actitud ante las adversidades y los conflictos y prepárate para una gran transformación en tu vida.

La habilidad de responder

Quien es auténtico
asume la responsabilidad por ser lo que es
y se reconoce libre de ser lo que es.

JEAN-PAUL SARTRE

Cada circunstancia encierra una enseñanza y es una invitación para mirar lo que ocurre de otra manera. Lo que estamos viendo de cada situación es solamente la superficie, por debajo de ella existe un propósito mayor, una oportunidad para sanar alguna de las dinámicas que se presentan una y otra vez en nuestra vida y que tienen el propósito de hacernos tomar consciencia, madurar, crecer, hacernos responsables de nuestras emociones y nuestra vida.

Tenemos muchas experiencias del pasado en el inconsciente pendientes de ser escuchadas, acogidas e integradas. Esas dinámicas que permanecen en la sombra como hemos visto antes, generan muchos conflictos y turbulencias emocionales en nuestra vida.

Muchas veces, en medio de los conflictos, nos ha parecido que nosotros teníamos la razón y hemos sentido la necesidad de culpar a otros de nuestra infelicidad, nuestros fracasos o nuestras frustraciones.

Esta dinámica de ver la culpa más allá de nosotros tiene un aliado: la queja. Culpa y queja van de la mano en este círculo vicioso que no solo no es real, porque nadie tiene ni la culpa ni la responsabilidad de nuestra vida, sino que, además, genera una dinámica que no nos empodera: empobrece la imagen que tenemos de nosotros y, por lo tanto, mina nuestro amor propio, nos debilita y nos quita el poder de elegir otra manera de hacer las cosas desde la autorresponsabilidad.

La queja y la culpa son dos formas de resistencia a la vida.

La queja no nos trae nada positivo, no nos hace avanzar, no nos permite seguir adelante en la vida, realizar cambios, tomar las riendas de nuestro destino. Muy al contrario, nos estanca, nos debilita, nos deja fuera de combate, nos quita las fuerzas y nos incita a darlo todo por perdido.

Algunas personas están tan identificadas con esta dinámica en sus vidas que se quejan constantemente. Siempre encuentran a un culpable al que hacer responsable de su desdicha y la única consecuencia de este comportamiento es que su infelicidad se perpetúa. No hay manera de salir del círculo de la queja desde la postura de la víctima.

Otras personas se preguntan constantemente por qué les ocurre eso a ellas, por qué están de nuevo en una situación injusta, por qué la vida las trata de esa manera. No es la vida, ni las circunstancias las que nos tratan de forma injusta, es nuestra falta de responsabilidad, nuestra falta de consciencia, lo que crea esa injusticia.

Un giro radical se produce cuando uno deja de preguntarse: ¿Por qué me ocurre esto a mí?; y en su lugar se responde: «A ver qué tiene esta situación para enseñarme». Ya no eres víctima de nada ni de nadie, sino que desarrollas la *respons-habilidad,* la habilidad de responder y aprender ante cada uno de los sucesos que acuden a tu vida.

Una gran amiga me confesó un día que estaba cansada de que todo el mundo la tratara mal. No solo no se sentía querida por nadie, sino que se sentía maltratada. Se quejaba de su padre, de su madre, de su novio, de sus amigos, de su trabajo, de cada cosa que sucedía en su vida.

Se sentía maltratada porque todos tiraban de ella para todo. La agotaban, le exigían, le pedían que estuviera presente para cualquier cosa y luego se sentían libres de dejarla plantada. Se enfadaban constantemente con ella, le gritaban, había señales claras de maltrato psicológico y e incluso de maltrato físico. Y ella lo permitía.

Mientras siguió echando las culpas afuera, buscando responsables a su desgracia, no consiguió frenar esa dinámica en su vida. Desde el mismo momento en que tomó responsabilidad, dejó de hacer lo que no le correspondía. Se impuso un código de respeto para sí misma y se decidió a no permitir que nadie le faltara el respeto. Comenzó a amarse, a darse lo que exigía afuera. Abandonó las relaciones que abusaban de ella, expresó sus necesidades y comenzó a dedicar a sí misma todo el tiempo que dedicaba a los demás. Fue un cambio radical, mejoró su autoestima, recuperó sus valores y sus sueños, cambió de trabajo y rehízo su vida. Hoy es una persona nueva, viviendo desde su ser y amándose por ser quién es. La causa no estaba afuera, nunca lo está. La causa siempre está adentro. Tomar responsabilidad requiere valor, coraje, determinación, compromiso con uno mismo y con la vida. Requiere valentía, estar dispuestos a vivir plenamente y hacer todo lo posible para que eso suceda. Ser víctima es mucho más cómodo y sencillo porque es a lo que estamos acostumbrados, pero es como dejarse morir, como perder la oportunidad de ser quienes somos, de amarnos, de respetarnos, de elegir.

Ser víctima o responsable es una elección, casi siempre inconsciente, pero una elección de vida al fin y al cabo. Uno elige dónde estar, con quién vivir, qué hacer, quién ser; no somos víctimas de nuestras circunstancias. Las circunstancias se crean y, con valor, también se cambian. Tomamos decisiones importantes cada día de nuestra vida: de quién nos rodeamos, de qué hablamos, cómo nos tratamos a nosotros mismos o cómo nos relacionamos con los demás.

¿Cómo detectar si estamos jugando a la víctima cuando creemos que «somos» una víctima? Pregúntate si eres feliz y responde honestamente a esa pregunta. Pregúntate si estás viviendo la vida que deseas y, si no es así, pregúntate qué tendrías que cambiar para vivir lo que más anhelas.

Usa el barómetro de la culpa para darte cuenta de a

quién estás dando la responsabilidad en tu vida y úsala tan a menudo como te sea posible, porque el mundo está invadido de las quejas, los juicios y los culpables que todos hemos creado en nuestras vidas.

La responsabilidad de crear la vida
que quieres vivir es solamente tuya.

Observa lo que dices y lo que piensas tan a menudo como te sea posible y estate atento a estas dinámicas: «lo que ocurre en mi vida es culpa de...», «me siento mal y fulano es el responsable», «él/ella no me hace feliz», «no he progresado en la vida por tu culpa», «he renunciado a mi carrera por ti y tú eres el responsable», «¿por qué me ocurre esto siempre a mí?», «los demás me hacen sentir culpable».

En un seminario de Comunicación Noviolenta, me quedé literalmente a cuadros cuando en plena práctica tuve la revelación de que nadie tiene la capacidad de hacernos sentir. Nosotros somos los únicos que tenemos la capacidad de «hacernos sentir» como respuesta a la actitud de otra persona. Nadie puede hacerte sentir bien o mal, alegre o triste, enfadado o contento. Los demás pueden influir en tu estado de ánimo, pero el único que puede sentir eres tú. Solo tú tienes esa capacidad, nadie fuera de ti puede hacerlo. Todo lo que sientes es tuyo. Hazte responsable. Date cuenta de que no hay nada afuera. No hay culpas ni culpables. Tú tienes las riendas de tu vida.

La actitud de víctima es adictiva y se retroalimenta a sí misma. A no ser que pongamos consciencia en ella y elijamos separarnos de esa forma de ver y vivir la realidad, ella se apodera de nosotros. La consecuencia es que nunca sanamos, que permanecemos estancados en nuestro crecimiento y vivimos atrapados en creencias y heridas del pasado durante toda nuestra vida.

El mero hecho de tomar consciencia de esta realidad, de ver el conflicto más allá de nosotros, de mirarlo con ojos nuevos y sacar un aprendizaje, ya implica un cambio radical en nuestras vidas.

¿Y tú?

Este es el momento de hacer una pausa en este viaje. Te invito a la reflexión. Tómate un tiempo, el que necesites para hacer balance de todo lo que has leído hasta ahora y escuchar tu propia voz. Lo que realmente importa es todo lo que se despierta dentro de ti. Nada de lo que yo escribo aquí es la «verdad», sino mi visión. ¿Cuál es la tuya? ¿Qué papel estás jugando en tu vida?

Ámate

El amor no es una simple emoción.
El amor es la máxima verdad
del corazón de la creación.

RABINDRANATH TAGORE

La aceptación que estamos esperando y buscando en nuestras relaciones solo puede venir de nosotros. ¿Eres importante para ti? Nuestra vida cambia radicalmente cuando comenzamos a poner prioridades adentro, no solo afuera. Cuando nos cuidamos y nos amamos a nosotros mismos. Indagar en nuestras necesidades y satisfacerlas es el primer paso para darnos todo eso que esperamos que venga de afuera. Todo eso que exigimos a la pareja, a la familia, a los amigos, al trabajo o a la vida misma. Cuando aceptamos nuestras carencias y nos hacemos cargo de cada necesidad que surge de adentro, dejamos de dar a los demás el poder de satisfacernos o frustrarnos. Ese poder es nuestro.

Pedimos el amor fuera mientras no somos capaces de amarnos. Exigimos afuera el respeto y la aceptación cuando nosotros no podemos concedérnoslo. Así funciona. Exigimos afuera lo que no sabemos darnos. Y esta fórmula de hacer las cosas solo nos garantiza el reproche, la culpa, la manipulación del otro para hacernos sentir vivos. Eso que tan bien conocemos todos como amor condicionado.

Cuando aceptamos la propia responsabilidad de nutrirnos de amor y respeto hacia nosotros, dejamos de esperar que el mundo, la familia o la pareja satisfagan nuestras necesidades. Reconocemos que solo nosotros podemos hacerlo. Dejamos de hacer responsables a los demás de nuestro vacío, nuestra falta de amor o nuestra tristeza y nos damos la oportunidad de mirar adentro.

Dentro es donde existe la herida del desamor. Donde podemos reconocer que la única manera de llenar ese vacío, satisfacer la falta de amor o abrazar la tristeza es amándonos. Dándonos todo lo que esperamos de los demás. Solo entonces, dejamos de poner nuestra felicidad en manos del otro; dejamos de dar poder a los demás; de ceder nuestro propio poder personal.

Esa herida de amor que arrastramos a lo largo de la vida está basada en una creencia que nos impide amarnos. Pensamos que no somos lo suficientemente buenos. Que no merecemos el amor de los demás. Que somos malos. Insuficientes. Que no valemos. Esa herida de amor duerme dentro de nosotros hasta que comienza a reclamar su lugar, su anhelo de liberarse, de recibir el amor que merece.

Cuando elegimos sanar, elegimos amar. Porque solo el poder del amor puede sanar todas las heridas. Es nuestro miedo a encontrar y tocar esa herida lo que nos impide amar. Es ese miedo el que nos mantiene alejados de la fuente del amor. De la fuente de nuestra propia esencia. Miedo a amarnos. Miedo a amar al otro. Miedo a no ser amados. Incluso miedo a ser amados.

Amándonos creamos un mensaje de aprecio hacia nosotros. Nos valoramos. Nos decimos que somos importantes y que hacemos todas esas cosas para sentirnos bien. Louise Hay trabaja con afirmaciones frente al espejo en las que te invita a expresar cada mañana «me amo» o «me aprecio» o «me siento bien conmigo mismo» o «soy maravilloso». De esta forma te vuelves importante para ti mismo. Te reconoces. Te aprecias. Te valoras. Haz por ti lo que esperas que otros hagan. Date todo lo que pides a los demás. Si te gustan las flores, cómpralas para tu casa. Si esperas que alguien te regale algo, ¡regálatelo tú! Si deseas hacer un viaje o tener una nueva pareja, date todo lo que esperas del viaje y la pareja. Cuídate, ámate, respétate, ¡concédetelo todo!

La mañana es un tiempo sagrado para alinearnos con nuestro ser y comenzar bien el día, disfrutar del despertar, leer algo inspirador, agradecer el nuevo día, darse una ducha llena de amor, acariciando y agradeciendo cada parte de tu cuerpo, desayunar con calma. Tu forma de comenzar la mañana determina en buena medida tu forma de vivir el resto del día, y por ende, tu vida. Cada pequeño acto de nuestra vida está forjando hábitos y costumbres que pueden ayudarnos o minar nuestra autoestima. Amándote creas armonía, bienestar y paz en tu vida y eso es lo que irradias a los demás.

Sea cual sea la pregunta, el amor es la respuesta.

Si amas la totalidad de tu ser verás cómo se acabarán las críticas, los juicios y las comparaciones. Al amarte te aceptas completamente y recibes la vida, la totalidad de la vida. Tu vida.

Amarte cada día de tu vida

Acude a tu espacio sagrado, permítete llegar a él y dejar atrás todo lo que has estado haciendo durante el día y todo lo que tendrás que hacer. Instálate en el momento presente y respira profundamente durante unos segundos. Coge tu cuaderno un instante y hazte las siguientes preguntas:

¿Qué estás pidiendo a los demás, a la vida, al trabajo? Busca todo eso que pides afuera, dentro de ti. Pregúntate: ¿Cuáles son mis necesidades? ¿Qué voy a hacer para satisfacerlas?

Pon todas las respuestas en tu libreta y establece un plan de acción para llevarlas a cabo, para emprender una lista de cuidados diarios que te mimen y te hagan sentir a gusto y valorado por ti mismo.

Aquí tienes algunas claves para reconocerte y honrarte. Eres el que eres.

- No te critiques, compares o enjuicies.
- Valórate y reconócete mental y verbalmente. Ábrete a recibir el reconocimiento de los demás.
- Perdónate. Siempre has hecho lo mejor que has podido, según tus sentimientos y pensamientos del momento.
- Vive con gratitud hacia ti.
- Aprueba todos tus actos, aprende de ellos, confía en tus capacidades.
- Atrévete a pedir lo que quieres y necesitas.
- Proporciónate placer sin culpa. Dedícate tiempo. Mímate. Ama tu cuerpo.
- Regálate cosas que te gusten, recompénsate.
- Disfruta de lo cotidiano, felicítate por estar vivo.
- Trátate como te gustaría que te tratasen los demás.
- Sigue tu propia intuición. Ten confianza en ti.
- Reconoce tu perfección.
- Cultiva pensamientos de merecimiento y celebra todo lo que llega a tu vida.
- Nútrete física, mental, emocional y espiritualmente. Dedícate tiempo.
- Piensa positivamente sobre ti y sobre tu vida.
- Disfruta de tu trabajo y del desarrollo de todos tus talentos.
- Celebra cada logro, cada paso adelante, cada aprendizaje.
- Ámate y acéptate tal y como eres.

Ejerce tu capacidad de elegir

El ser humano elige su destino,
y su destino es elegir.

MIDRASH

Hayas o no realizado los ejercicios de este libro, has tomado una decisión. Las decisiones no son solamente acerca de lo que hacemos, sino también de lo que dejamos de hacer. Todos tenemos capacidad de elegir, todos tenemos ese derecho de nacimiento. La vida nos regala a cada uno de nosotros experiencias asombrosas, algunas de ellas nos empoderan y otras nos debilitan. La experiencia siempre es la misma, lo que cambia es la actitud que tenemos ante ella y lo que decidimos hacer para afrontarla.

Saber que elegimos en cada instante
es una invitación para tomar consciencia.

¿Eres consciente de que eliges cada día?, ¿lo que eliges te satisface?, ¿qué sigues haciendo a pesar de que lo detestas?, ¿eliges cuidarte cada día o maltratarte?, ¿eliges nutrirte de todo lo que te rodea o te castigas con la realidad en la que eliges vivir?, ¿haces lo que te apasiona en la vida?

Tienes el poder de elegir la libertad de ser tú mismo. La libertad es la capacidad de elegir quién y qué quieres ser en cualquier momento de tu vida. Tú tienes ese poder, tú puedes reinventarte una y mil veces, levantarte tras una caída como un niño pequeño que comienza a caminar, aprender de los errores y elegir de nuevo. ¡¡¡¡Una y mil veces!!!

Más que elegir lo malo conocido, elegir lo bueno por conocer, lo desconocido, lo bello, lo infinito, lo completo. Hace un par de capítulos hablábamos de serlo todo, de ser adultos que son conscientes de su luz y su sombra y de integrar lo que nos parece más bello y más vergonzoso de nosotros, porque todo ello forma parte del tesoro que somos. Desde ese lugar de lucidez e integridad, de plena aceptación, de nuevo tiene una importancia enorme hacer honor a los valores, a nuestro ser, a nuestra esencia.

Para ello, sé consciente de lo que implica tomar una decisión, conócete y usa tu discernimiento para saber si esa elección te da poder o te debilita, te llena o te vacía, te estimula o te desalienta.

Estas preguntas poderosas pueden servirte de brújula ante la toma de decisiones:

¿Esa elección honra mis valores?

¿Estoy teniendo en cuenta lo que verdaderamente importa para mí?

¿Esta elección me da poder personal o me debilita?

Ya hemos dicho que se trata de tomar consciencia. Este es un libro sobre el despertar a la plenitud, a la totalidad y a vivir la vida con mayúsculas. Sé consciente de qué eliges y elige conscientemente. Coge las riendas de tu vida y no dejes que nadie decida por ti. Permítete ser auténtico en cada una de las elecciones de tu vida. Elige la opción que honre tu ser y tu libertad. Haz honor a tus valores en todo lo que elijas.

En *coaching* se invita a las personas a soñar a lo grande, a tomar decisiones que las lleven más allá de su zona de comodidad, donde prácticamente no existe aprendizaje ni nuevos estímulos. Se las invita a salir de esa «zona de confort», aventurarse en lo desconocido y tomar decisiones desde nuevas perspectivas.

Si estás ahí, en esa zona nueva por primera vez, puedes hacer todo lo que te propongas, las posibilidades son siempre infinitas. Goethe decía «si podemos verlo y podemos concebirlo, entonces podemos lograrlo». Explorar todas las posibilidades, salir de la visión rutinaria del día a día y mirar el horizonte nos aporta perspectiva, visión y nuevas oportunidades de elección. Imagina y visualiza por todo lo alto y tú mismo te darás cuenta de lo poderosas que pueden llegar a ser las elecciones en tu vida.

El pasado nos ha traído hasta el momento presente. Hoy decides muchas de las cosas que vas a vivir mañana. Hoy estás creando tu futuro. Tú tienes el poder de construir lo que deseas, aquí y ahora, con visión y perspectiva, con consciencia y responsabilidad, sabiéndote libre de ser quien eres y de ejercer tu capacidad de elección. El momento es ahora.

Elección consciente

Elige una situación de tu vida en la que tengas que tomar una decisión, no importa que sea o no una decisión trascendente. Puede ser cualquier cosa de la vida cotidiana: familia, pareja, trabajo, dónde pasar el próximo fin de semana...

Recuerda:

- Sé consciente de lo que eliges y elige conscientemente.
- Permítete ser autentico en cada una de las elecciones de tu vida.
- Elige la opción que honre tu ser, ¡eres libre de ser quien eres!
- Haz honor a tus valores en todo lo que elijas.
- Tú eres el que decides, escucha y satisface tus necesidades.
- Divisa esta decisión considerando nuevas posibilidades, infinitas posibilidades.

¡¡¡¡Sueña despierto!!!! Escribe o pinta el mayor sueño o deseo de tu vida. Si todo fuera posible, ¿qué harías?, ¿qué decisión puedes tomar, ahora, que te acerque a tu sueño?

¡Despierta!

- Tienes el poder de cambiar tus creencias y pensamientos y, para ello, ¡¡necesitas hacerlos conscientes!! ¡¡Obsérvalos!! ¡¡Haz consciente lo inconsciente!!
- Deja atrás lo que ya no te sirve, agradece tu pasado y déjalo partir.
- Recupera el sentido de tu vida: reinvéntate, acepta el cambio y sé parte del mismo.
- Trabaja con afirmaciones y ejercicios creativos para estimular el pensamiento. ¡¡Planta una nueva semilla!!
- No eres tus pensamientos, libérate de todos aquellos que ya no te sirven.
- Cree y confía en ti, cree y confía en la vida.
- Descubre tus valores y vive en honor a ellos ¡¡en todo lo que hagas!!
- Descubre, potencia, ¡¡desarrolla todos tus talentos!! ¡¡Sé plenamente quién eres!!
- Si te saboteas a menudo es porque todavía tienes mu-

cho que descubrir de ti, mucho potencial para brillar. Ve más allá del sabotaje. Ahí se encuentra tu tesoro.

- Hazte responsable de tus juicios y proyecciones, hay grandes regalos detrás de ellos.
- Abraza tu sombra y todo aquello que ocultas de ti. Un ser completo es aquel que honra su luz y su oscuridad.
- Ama todos los estados emocionales que surjan, acéptalos, escúchalos. La llave para liberarlos se encuentra en atenderlos.
- Acepta la llamada de la vida, la invitación a mejorar cada día, a crecer, a evolucionar.
- Hacerte responsable de todo lo que ocurre en tu vida ¡¡te empodera!! ¡¡Abandona para siempre el papel de víctima!!
- No te compares, ni te critiques, ni te juzgues. El amor es la respuesta. ¡¡Ámate, ámate, ámate con todo tu ser!!
- Tú eres el dueño de tu vida, toma las riendas, ejerce tu poder de elegir conscientemente y construye la vida que deseas.
- Ábrete a la vida, vive en el misterio. ¡Lo mejor está por llegar! ☺

Me lo contaron y lo olvidé.
Lo vi y lo entendí.
Lo hice y lo aprendí.

Confucio

Brilla como el Sol

Brilla como el Sol

Por muy larga que sea la tormenta,
el Sol siempre vuelve a brillar entre las nubes.

KHALIL GIBRAN

¿Dónde estamos? Hemos hecho un largo viaje para destapar creencias, reencontrar nuestros tesoros ocultos y mirar de cerca y sin miedo esa parte de nosotros que reside en la oscuridad. Hemos encontrado en el cambio y en el viaje el estímulo para nuestro crecimiento y para el descubrimiento de todo nuestro potencial. Hemos redescubierto en nuestros valores, talentos y actitudes la fuerza motriz de nuestras vidas.

También hemos dado un paseo por los pensamientos y las emociones que nos limitan y hemos visto una nueva forma de relacionarnos con ellas, de recuperar nuestro poder personal a través de la toma de responsabilidad y de ejercer nuestra capacidad de elección.

Es el momento de brillar. El Buda ha salido de detrás del barro y anhela manifestar su belleza radiante, en el mundo y en su vida. Algo en tu interior ha ido despertando a lo largo de la lectura de este libro. El viaje es diferente para cada uno, pero todos llegamos al mismo destino. Rumi, el poeta persa, decía: «aunque los caminos para encontrar la verdad son diferentes, la búsqueda siempre es la misma».

El comienzo de este despertar ha sido un regreso a los orígenes, a la esencia de lo que somos, al inicio de la vida. Ha sido así deliberadamente porque para poder emprender el viaje, hemos de hacerlo desde adentro, afinados con nosotros mismos, con un propósito, un conocimiento interior y profundo y una visión clara de la magnitud de la vida y del ser humano. Por eso hemos acudido a la presencia, a la voz interior, a la sabiduría interna, al encuentro de las notas más sutiles de nuestra melodía interna.

Ese proceso ha servido para afinar tu instrumento interno, para afinarte día tras día, para sacar de ti una amplia escala de notas y sonidos, de los más agudos a los graves, pasando por todo tipo de escalas intermedias. Ahora es el momento de que suene tu música.

Pitágoras decía que «el alma es un acorde, y su disonancia, la enfermedad». Ahora la música la pones tú, la pone el canto de tu alma despierta, el brillo de tu partitura, el amanecer de tu estrella. Brillar significa manifestar tu excelencia, hacerla visible a quien te rodea, tomar la actitud de encaminarte no solo al descubrimiento de tus sueños, sino a la materialización de los mismos.

Brillar es ser quien estas llamado a ser, manifestando tu grandeza en todo lo que hagas, hacer honor a tu verdad, ocupar tu lugar en el mundo, extender tu mensaje y servir de espejo resonante a los demás. Significa autenticidad, nobleza, verdad para contigo mismo, amor incondicional y entrega a la vida y al servicio de un propósito evolutivo en el que todos estamos inmersos.

Este capítulo es en tu honor, todo él es una fiesta preparada especialmente para ti. No tienes que hacer nada, solo dejar que ocurra y unirte a ella con el brillo que ya has empezado a irradiar, aunque tú no te hayas dado cuenta.

Al igual que la naturaleza del Sol es brillar,
nuestra naturaleza es irradiar la totalidad de lo que somos.

Una fiesta en tu honor

Toda tu familia te convence para ir a un restaurante a cenar. Tienen preparada una sorpresa para ti. Accedes a la invitación y os dirigís a un lugar insospechado. A la entrada del restaurante hay multitud de coches, algunos de ellos de personas conocidas. Parece como si hubiese mucha gente cenando dentro, pero no hay ruido y el recibidor está casi en penumbra.

De repente, una puerta se abre y las luces iluminan una sala más grande, está llena de familiares y viejos amigos, clientes, compañeros de trabajo, colaboradores de distintas partes del país y del mundo. Todos están allí reunidos para celebrar algo.

Dentro de unos días será tu setenta cumpleaños y todas esas personas se han reunido allí para celebrarlo contigo y para agradecer tu presencia en sus vidas. De una u otra manera has causado un impacto en sus vidas y quieren agradecértelo.

Una por una, estas personas te irán diciendo el regalo que les has hecho en sus vidas y lo importante que ha sido para ellos encontrarte en el camino.

Ten a mano tu cuaderno y escribe todos los agradecimientos y reconocimientos que recibas.

¡No pienses! ¡Escribe!

Atrae lo que deseas

El éxito no es algo que encontramos,
es algo que atraemos como consecuencia
de la persona en la que nos convertimos.

JIM ROHN

En *La voz interior,* Eileen Caddy expresa su propia imagen del poder de atracción y sintonización con el universo: «Si tú esperas que lo mejor se manifieste en tu vida, lo estás atrayendo. Espera lo mejor de cada situación y de cada persona y mira como lo mejor se manifiesta ante ti. Espera que cada necesidad sea satisfecha, espera la respuesta a cada problema, espera abundancia en cada área de tu vida, espera crecer en sabiduría y entendimiento. La vida es una canción de alegría y agradecimiento».

La vibración de una persona es su actitud ante la vida y su consciencia sobre sus pensamientos y emociones. Nuestra vibración determina nuestra conexión con la vida. Lo que vibramos es lo que atraemos. Lo que sembramos es lo que recogemos. No es posible sembrar esperanza y recoger desdicha, o sembrar prosperidad y recoger carencia.

Lo que vibras, es decir, lo que piensas, crees e imaginas, es lo que manifiestas en tu vida.

Imagina tu cuerpo como una radio,
tus pensamientos son la antena que te ayuda a sintonizar
con frecuencias positivas o negativas.

Son positivas cuando tus pensamientos son de amor sobre ti y la realidad que te rodea, son de aceptación y no de juicio, cuando ves la vida como una oportunidad y no una amenaza, cuando fluyes y agradeces lo que la vida te trae y te sientes dichoso por todo lo que tienes. Cuando sintonizamos con lo positivo nos volvemos optimistas, tenemos una actitud constructiva, regamos una semilla de bienestar, respeto que irradia desde nuestro ser e ilumina a los demás. Nuestra presencia es radiante y nuestra compañía trasmite calma, serenidad y amor por la vida. Entusiasmo, ¿recordáis? Llevar y honrar a Dios dentro de nosotros nos hace brillar.

Cuando nuestro pensamiento es negativo, no cesamos de escuchar esas voces que nos dicen lo poco válidos que somos, lo poco dignos que somos del respeto de los demás y lo poco confiables que somos. Vivimos encerrados en pensamientos de juicio, queja y victimismo, alimentando constantemente pensamientos y emociones negativas, desarrollando una actitud pesimista y el consiguiente malestar en nuestro entorno. Alguien con una actitud negativa vive en sentimientos constantes de desconfianza y desamor por la vida. Vive pensando solo en lo que le falta y sin agradecer lo que tiene, en una actitud de carencia y limitación, poniendo siempre peros y excusas ante el cambio y permaneciendo en un estado de inseguridad, miedo y separación de la dicha y la felicidad por la vida.

En ambos casos creamos con nuestros pensamientos la realidad que atraemos. Si vives la vida como una oportunidad para crecer como ser humano y ver la belleza de todo lo que te rodea, agradecer todo lo que ocurre en tu vida y disfrutarlo, la vida te llenará de personas, circunstancias y oportunidades para hacer realidad tus creencias.

Si piensas que la vida es una lucha, ten por seguro que todo será difícil y tendrás la impresión de luchar e ir contracorriente constantemente en tu vida. Si piensas que las relaciones te hacen daño o hay que «trabajar» en ellas en lugar de crecer o disfrutar, eso es lo que atraerás una y otra vez a tu vida: relaciones dolorosas que te hacen sufrir o que te hacen trabajar.

Lo que vibras es lo que vives. Dice Wayne Dyer que «la abundancia no es algo que adquirimos, sino algo con lo que sintonizamos», y sintonizamos a través de nuestro pensamiento. Una consciencia de carencia trae escasez. Una consciencia de prosperidad trae abundancia.

Cuanto mayor sea nuestra consciencia sobre nuestras creencias y patrones mentales, mayor será nuestra capacidad de crear y atraer todo lo que deseamos.

Cada uno de nosotros está conectado con la fuente de energía ilimitada en la que todo es posible.

Entonces, ¿cómo puedes atraer lo que deseas? Aquí tienes algunas claves:

- Agradece lo que tienes y todo lo que ocurre cada día de tu vida. Aprende la lección que te trae cada circunstancia.
- Ámate, cuídate, confía en ti, crea relaciones sanas en torno a ti, rodéate de un entorno saludable y afín en este momento de tu vida.
- Sé consciente de tus creencias limitantes y no te juzgues ni te culpes por tenerlas. Dales voz, déjalas salir y ámate tal y como eres. Invita a tu mente a pensar en positivo.
- Crea afirmaciones positivas cada día, sé constante, dedícate a ti mismo con tiempo y disciplina.
- Siéntete ya conectado con lo que deseas crear en tu vida, siéntete como si ya lo tuvieras.
- Habla en positivo. Háblate en forma positiva. La palabra, como el pensamiento, crea realidad, ojo con lo que te dices a ti mismo.
- Ten una actitud positiva de crecimiento y mejora, aléjate de la competencia y la comparación con los demás.
- Manifiesta claramente tus deseos más profundos, profundiza en lo que quieres manifestar en tu vida con todo lujo de detalles y escríbelo, píntalo, házselo saber al universo.
- Pon luz en las imágenes de tus sueños, pon luz en

tus visualizaciones, imagina una luz brillante y pura cubriendo cada deseo que quieras materializar. Tú eres esa luz y estás conectado con la fuente de luz.

- Vive cada día como si ya hubieras alcanzado tu objetivo, actúa como si tu deseo ya fuera tuyo, como si estuvieras viviendo tu sueño y pronto lo estarás disfrutando de verdad.

Einstein afirmaba: «Quiero conocer los pensamientos de Dios, el resto son detalles». El ser humano está perdido en una perspectiva limitada de ver y visualizar la vida. Transitamos esta existencia desde una visión estrecha, limitada, empequeñecida de la realidad. Olvidamos la grandeza, la dimensión y la potencialidad de la vida. Cada uno de nosotros somos herederos de esa fuente de creación ilimitada.

Tenemos que cuidarnos de las reacciones del ego, de sentirnos fuertes en la pequeñez, en la separación, en el conflicto, porque esa fortaleza es ilusoria. Nos creemos importantes viviendo en una ínfima parte de nuestro potencial y totalmente desconectados de lo que somos en realidad. Einstein estudiaba el universo y la física y se encontraba cada vez más consigo mismo. Expresaba: «Cuanto más estudio la electricidad, más cerca me encuentro del espíritu». Eso somos, la totalidad, energía pura, recuerda los pensamientos de grandeza que moran dentro de ti.

Cuando aspiras a lo máximo en tu vida,
eso es lo que atraes, tu imaginación
es tu antena para atraer lo que deseas.

No se trata de cambiar la realidad, sino de conectarnos a una nueva forma de vivir la realidad, desde el amor y la aceptación de nosotros mismos y desde la consciencia de nuestros orígenes. Estás literalmente conectado a esa fuente inagotable de recursos, eres parte de esa corriente creativa de vida y abundancia. Me maravillan las palabras de Carl Sagan cuando expresa: «La exploración del universo es un proceso de autodescubrimiento». Tú eres parte de ese manantial de pura potencialidad. No te conformes con menos. Tienes acceso a la fuente ilimitada del amor, la plenitud y el conocimiento. Aquí. Ahora.

Practicando la ley de atracción

En este ejercicio vamos a escribir una carta con todos nuestros deseos y anhelos más profundos, ¡sería algo así como una carta a los Reyes Magos! ☺

Acude a tu espacio sagrado con tu cuaderno, conecta durante unos segundos con tu respiración, pon tu mano derecha en el corazón, siente como tu pecho de expande y se contrae y tu corazón late. Estás lleno de vida, hecho de la misma esencia de potencialidad pura del universo. Todas las posibilidades que contemples dentro de ti son posibles, el único límite es tu imaginación.

Inspira vida y expira confianza en la vida. Todo es perfecto como es, puedes relajar todo tu cuerpo, todo lo que ocurre en tu vida es maravilloso y te hace crecer. En este mismo instante estás conectado con tu ser, con tu esencia y con la fuente de la vida.

Cuando estés preparado coge tu cuaderno y escribe una carta con todo lo que deseas que exista en tu vida de aquí a un año. Expresa en ella todo lo que quieres conseguir, todo lo que deseas, contempla todas las posibilidades y conecta con tu pensamiento más elevado. ¡Sueña en voz alta y escríbelo en tu cuaderno!

Deja un espacio al margen derecho de tu cuaderno. Seguramente aparezcan, mientras escribes, todos los pensamientos que te limitan y te impiden conseguir tu sueño. Escríbelos también. Hazlos conscientes.

Si lo puedes ver lo puedes crear

Actúa como si ya hubieras alcanzado tu objetivo
y será tuyo.

ROBERT ANTHONY

En el siglo XVI, el navegante portugués Fernando de Magallanes arribaba a las costas de la Tierra del Fuego con sus enormes carabelas, sin que las poblaciones indígenas de la costa pudieran verlos. No fue evidente para ellos que estaban siendo «conquistados» porque no pudieron verlos, porque esa imagen de las carabelas no estaba registrada, no las habían visto nunca y, por lo tanto, no podían reconocerlas.

Este fenómeno ha sido explicado por la física cuántica, demostrando que no son nuestros ojos los que ven y perciben la realidad, sino nuestro cerebro, y lo hace a través de las experiencias que ha tenido en el pasado. Algo que nunca hemos visto no es identificado por nuestro cerebro y, por lo tanto, no podemos verlo, así que nuestros ojos no determinan la realidad, solo la confirman.

Las creencias no solo reflejan la realidad, sino que crean realidad. La neurociencia afirma que lo que llamamos «realidad» solo ocurre en nuestro cerebro, así que nuestra realidad es el resultado de nuestra forma de pensar y de lo que nos creemos capaces de concebir. Creemos que el mundo externo tiene más sentido y es más real que el mundo interior, pero creamos desde nuestro mundo interno, desde nuestro pensamiento, y no podremos cambiar la realidad que vemos si no cambiamos previamente la forma en la que pensamos e imaginamos.

Más que ver para creer, sería «ver para crear». Walt Disney solía decir que «Si lo puedes soñar, lo puedes hacer». La capacidad humana para inventar, imaginar, concebir, diseñar, transformar y crear está solamente limitada por nuestras creencias. Si creemos que podemos concebir todo lo que deseamos, lo haremos. Ese es el verdadero despertar de nuestro potencial.

La física cuántica explica que la razón por la cual la visualización tiene tanto poder es porque crea fotos en tu mente donde te ves a ti mismo teniendo y disfrutando todo lo que quieres. Estás generando pensamientos y sentimientos de lo que deseas como si ya lo tuvieras en el momento presente, y eso potencia tu habilidad de atraer las circunstancias necesarias para crearlo fácilmente.

Vince Lombardi, considerado como uno de los mejores entrenadores de fútbol americano de la historia, afirmaba que «Podríamos lograr muchísimas más cosas si algunas de ellas no las viéramos como imposibles».

Para crear tus deseos has de verlos previamente realizados en tu cerebro, has de concebirlos como realidades, experimentar tus emociones y sentimientos en ese mismo instante mientras te visualizas, creando las condiciones oportunas para convertirlo en realidad y poniendo luz a esa imagen cada día de tu vida.

No hay nada más poderoso que visualizar desde el corazón, desde el alma, desde el ser. Desde la sabiduría que mora dentro de ti y sabe exactamente lo que quiere, lo que necesita para vivir plenamente y brillar. Visualiza tu vida ideal. Crea la imagen de esa vida ideal en tu cerebro y vívela con los ojos cerrados tan intensamente como puedas. El truco es ese: verte rodeado ya por las cosas que quieres crear.

Dale alas a tu imaginación. Sueña, abre tu corazón, visualiza desde el alma, imagina todo lo que anhelas crear en tu vida y, antes de lo que esperas, ya no estarás soñando tu vida, sino viviendo tus sueños.

Visualización del Yo esencial

Acude a tu espacio sagrado y dedícate unos minutos de silencio. Siéntate en una postura cómoda y respira lenta y profundamente. Inspira e expira relajando todo tu cuerpo.

Llega por completo a este lugar, a este momento, relaja lentamente todo tu cuerpo, comienza por los pies y libera todas las tensiones. Siéntelos firmemente sobre el suelo, enraizados, sintiendo la energía que llega a través de ellos desde el interior de la Tierra. Permite que esa energía recorra de forma ascendente tu cuerpo, comenzando desde la planta de los pies y subiendo por los tobillos, las piernas, rodeando tus rodillas, ascendiendo lentamente por los muslos hasta la cadera. Siente cada uno de los órganos de tu torso relajándose lentamente, uno por uno. Pon especial atención en relajar el intestino y el estómago, y continúa sintiendo esa energía ascendente por tus pulmones, tu cuello, los hombros, extiende esa sensación de bienestar a tus brazos, codos, antebrazo, manos y cada uno de los dedos de tus manos.

Relaja las cervicales, el cuello, la base de la cabeza, suelta la boca, relaja los párpados, los ojos, el entrecejo, la frente y el cuero cabelludo.

Inspira lenta y profundamente y expira sintiendo todo tu cuerpo relajado.

Visualiza una luz en tu tercer ojo. ¿De qué color es esa luz? Visualízala lentamente mientras comienza a viajar más allá de tu cuerpo. Sigue el haz de luz, primero por tu casa, después hacia tu barrio, tu ciudad, el mundo, hasta que sale del planeta y te permite contemplar la vida desde el universo. Disfruta de la vista de la Tierra desde esa perspectiva durante unos instantes.

Ahora prepárate para regresar a ella y reencontrarte con

tu Yo esencial en el futuro, el ser en el que vas camino de convertirte y con el que podrás hablar como si hubieran pasado quince años.

Permite que esa luz regrese lentamente a la Tierra y síguela al lugar que elijas del planeta donde podrás ver y hablar con tu Yo esencial. Visita el lugar en el que vives dentro de quince años. Observa todo lo que te rodea con todo detalle. ¿Cómo es el paisaje que te rodea?

Caminas por ese lugar hasta que encuentras una casa frente a ti. Sabes que es la casa de tu Yo esencial. ¿Cómo es ese lugar?, ¿qué te inspira?, ¿hay árboles?, ¿flores?, ¿estás en la ciudad, en el mar o en la montaña?

Acércate lentamente hacia la casa y, cuando estés preparado, llama a la puerta. Escuchas unos pasos del otro lado y tu Yo esencial abre la puerta. ¿Cómo te sientes?, ¿qué lleva puesto tu Yo esencial?, ¿cómo responde a tu llamada?, ¿qué te dice?

Tu Yo esencial te invita a entrar en su casa. ¿Cómo es el lugar que habita? Os sentáis cómodamente para poder hablar. Pregúntale a tu Yo esencial: ¿Qué es lo más importante que necesito saber para vivir mi vida plenamente?, ¿qué camino tengo que recorrer para llegar a donde tú estás ahora?, ¿qué puedo comenzar a hacer en este instante para vivir desde mi esencia? Date un tiempo para escuchar las respuestas.

Ahora, hazle a tu Yo ideal tus propias preguntas, pregúntale lo que desees. Cuando hayas terminado, recibe un regalo que tiene para ti. Puede ser un objeto o un papel con un mensaje, recibe su regalo y agradécele el tiempo que ha pasado junto a ti.

Es hora de despedirse. Puedes hacerlo como desees. Saluda a tu Yo esencial y despídete de él, de su casa, del lugar que habita.

Prepárate para volver, sigue la luz de tu frente mientras regresas desde ese lugar a donde estás ahora. Vuelve lentamente. Disfruta de ese viaje de regreso. Siente tu cuerpo nuevamente sobre la silla. Estás preparado para volver plenamente a este lugar y recordar todo lo que desees de ese viaje a tu Yo esencial. Lentamente, regresa al momento presente y abre los ojos.

Coge tu cuaderno y apunta todas las respuestas que hayas recibido de tu Yo esencial, todos los detalles del lugar que habita, todo lo que habéis hablado y compartido. Apunta también el regalo que te ha dado y todo lo que resulte significativo para ti.

Crea tu vida

Nadie puede volver atrás
y hallar un nuevo comienzo,
pero cualquiera puede comenzar hoy
y hacer un nuevo final.

MARÍA ROBINSON

Empieza este nuevo día preparado para que te suceda lo mejor. Sintoniza con lo mejor. Mira la perfección de lo que ocurre manifestándose en tu vida. Imagina que comienzas este día como un lienzo en blanco y solo tú puedes pintar ese lienzo con las actitudes y las decisiones que tomas durante el día. Puedes llenar ese lienzo de amor, agradecimiento e inspiración, esperando que todo lo mejor tenga lugar en tu vida en el día de hoy.

Si tú creas ese espacio de armonía contigo mismo y puedes comenzar tu día con un acto de creación consciente, estarás fluyendo fácilmente a través de la corriente de la vida, sin lucha, sin resistencia, sin esfuerzo. Cuando te das cuenta de que todo lo que necesitas para crear la vida que deseas está dentro de ti, tu búsqueda ansiosa y desesperada por encontrar las respuestas afuera cesa y recuperas el poder y la credibilidad en ti mismo. Todo está dentro de ti. Tú tienes todo el potencial para crear la vida que deseas.

Dentro de ti se encuentra la capacidad de inventar, crear, imaginar, comunicar, proyectar, expresar, unir, asociar, canalizar y transformar. La creatividad encierra todo el poder de concebir y reinventar nuestra vida. La misma palabra encierra un poderoso juego de palabras, *crea-ti-vidad*, crea tu vida. Ese poder para materializar lo que deseas en tu vida se encuentra inherentemente dentro de cada uno, dentro de ti.

Crear desde la abundancia o la carencia es solo una cuestión de creencias y perspectiva. Estamos rodeados de belleza y perfección, lo que nos ocurre en la vida es lo que atraemos. Si no nos gusta, podemos cambiarlo. Si queremos vivir de otra manera, tenemos la capacidad de reinventarnos. Pregúntate: ¿Con qué estoy sintonizado?

Estás hecho para brillar
pero tienes libre albedrío
para elegir si quieres hacerlo.

La vida te brinda cada día la oportunidad de crecer, de renovarte, de evolucionar. Tú la aceptas o la resistes en función de tus creencias y tus expectativas en la vida. Este sendero por el que transitas en este momento de tu vida es parte de tu camino evolutivo. Solo tú decides cómo vivirlo y cuán lejos quieres llegar en tu crecimiento. Cuando le preguntaron a Miguel Ángel, «¿Cómo has podido crear algo tan bello de un trozo de mármol?», él respondió: «el David ya estaba ahí, yo solo quité lo que sobraba». Si quitamos lo que no nos pertenece, lo que ya no nos sirve en nuestra vida, nuestra belleza se manifiesta.

Crea la vida que deseas. Sé el ser que brilla intensamente en tu interior. Quita todo lo que sobra, lo que ya no te sirve. Deshazte de todo lo que no te hace feliz. Comienza tu lienzo en blanco cada mañana y recorre este camino con autenticidad, siendo el autor, haciéndote a ti mismo.

Si estás plenamente sintonizado con tus deseos más profundos, con tus valores, con tus dones, con lo que has venido a ofrecer, a ser y a manifestar, si eres consciente de las creencias que te limitan y has aprendido a no identificarte con ellas, sino a trascenderlas, si tu sombra ya no te molesta porque puedes abrazarla, si eres consciente de que eres parte de algo más grande, que existe una fuente creadora que está esperando a que tomes consciencia para ayudarte a manifestar tus deseos, entonces estás preparado para recibir guía, señales y consejos que te ayudarán a sentir la inspiración que necesitas para atraer y crear la vida que deseas. Siente de nuevo el latir de tu corazón. ¿Qué es lo que más deseas crear en tu vida?

Dice un viejo refrán que «si uno no sabe a dónde va, todos los caminos son buenos». Este libro te ha ido dotando de muchas herramientas para que tu qué (tu dirección, tu misión, tu anhelo) se manifieste y tengas claro quién eres, quién has venido a ser. Qué es lo que tu alma ha venido a manifestar en la vida. Poner la atención en el qué es como poner nuestro barco a favor del viento. El qué es una guía poderosa para conseguir lo que deseas en la vida. Si el qué está claro, si puedes visualizarlo claramente, podrás conseguirlo.

Ahora que ya sabes cómo crear un puente con tu intuición, puedes crear desde adentro, puedes centrarte en lo que deseas crear en tu vida y dejar que tu interior te muestre la mejor manera de conseguirlo. Cuando el qué está claro ya no tienes nada más de que preocuparte. Solo has de mantener tu visión, focalizar tu atención en lo que deseas crear, en lo que estás llamado a manifestar y dejar de prestar atención y poner tanta energía en el cómo vas a crearlo. Pon el foco de tu atención y tu intención en visualizar, proyectar e imaginar. Siéntete ya en esas circunstancias. Píntate a ti mismo disfrutando de lo que deseas crear en tu vida. Escríbelo, mantén viva esa visión dentro de ti, encarna tu deseo.

Cuando tienes claro el qué, el cómo se manifiesta. No tienes ni que preocuparte por ello. Tu misión es sintonizar con el corazón, sentir lo que es certero y real para ti, escuchar tu voz interior y hacerle saber que la escuchas y la tienes en cuenta. Eso hace que las señales se disparen, las «casualidades» surjan y, de repente, te encuentres viviendo la vida que siempre habías deseado tener.

El genio es aquel que sabe que viene de una fuente de energía y permite que el conocimiento llegue a través de él. Él es solamente un canal al servicio del universo y, como tal, recibe todo lo que necesita para manifestar todo lo que desea.

Crea tu día

Este es un ejercicio para crear cada día conscientemente. Ahora ya sabes que las claves para lograr lo que quieras se basan en sintonizar con lo que deseas, visualizarlo y visualizarte como si ya lo tuvieras y mantener esa intención cada día de tu vida.

Recupera el ejercicio de la página 216, «Practicando la ley de atracción».

Para crear tus deseos de forma consciente has de revelar el poder de manifestarlos. Durante la lectura de este libro has estado escribiendo cada día por la mañana. Ese ha sido un proceso de vaciado que ahora puedes acompañar con un proceso creativo para crear tu vida.

Cada día, después de haber escrito en tu diario matinal, alimenta esa visión que has escrito en tu ejercicio de la ley de atracción, piensa en cinco cosas que desees manifestar, conecta con tu corazón para sentir cuáles son realmente esas cinco cosas. Puedes pintarlas y/o escribirlas; luego, afirma que las mereces.

Di en voz alta cada una de ellas respirando tres veces

lenta y profundamente al terminar cada palabra. Hazlo con calma. Confía en tu poder creador y confía en la vida. Mira esas palabras o dibujos varias veces al día. Tenlas en un lugar visible y recuérdalas. Ese acto te ayudará a alimentar tus sueños y a formalizar tu poder creativo.

Ponles luz a esas imágenes cuando las visualices. Esto contribuye a llenarlas de energía y a mantenerte sintonizado con la fuente de la abundancia.

El poder de la intención

No juzgues el día por la cosecha que has recogido,
sino por las semillas que has sembrado.

ROBERT LOUIS STEVENSON

Aristóteles dijo que «Somos lo que hacemos cada día, de modo que la excelencia no es un acto, sino un hábito». Tu nivel de consciencia tiene el potencial de crecer cada día a grandes pasos si tú te comprometes a trabajar contigo mismo. Mi abuelo me ha dicho muchas veces: «Yo no soy un hombre inteligente, soy un hombre constante. Y la paciencia, la constancia y la perseverancia son tres grandes virtudes».

Alimentar cada día una visión contribuye a hacerla auténtica, certera y veraz. Recuerda que el pensamiento y la palabra son creadores. Todo lo que piensas y lo que dices tiene un impacto en tu vida y en el mundo que te rodea. La intención es una fuerza, es el combustible que convierte en realidad tus sueños y que encierra todo el poder de materialización dentro de sí.

Cuanto más claramente visualices tu propósito y cuanto más lo nutras de amor, entusiasmo y pasión, mayor será tu contribución a la realización del mismo, mayor tu sintonía con el poder creativo del universo. Deepak Chopra dice: «Una vez que sepas que deseas materializar, pon tu intención en tu corazón y escucha tu alma».

¿Qué te dice tu corazón? ¿Qué es lo que deseas crear? ¿Cuál es la visión que ha nacido dentro de ti con la lectura de este libro?

Ya estás navegando. Ya estás en el camino hacia tus sueños. Ya sabes cómo sintonizar con tu interior. Ya sabes cómo distinguir la voz de tu sabiduría dentro de ti. Sabes cómo enfocar tu visión con un propósito y cómo contribuir a hacerla realidad. Sabes cómo identificar tus voces negativas y cómo acoger las emociones que se manifiestan a través de ti.

Recuerda que quien tiene las preguntas tiene las respuestas, y que lo único que necesitas es darte el espacio para escuchar lo que llegue de tu interior. La intención es la firme voluntad de entregarte a la vida y a tus sueños, a mantener viva tu visión con pasión. No importa lo que se cruce en tu camino, sino tu determinación, el estar dispuesto a seguir adelante siguiendo los pasos que te dicta tu corazón, siendo merecedor de todo lo que llega a tu vida y recibiendo con gratitud cada señal, revelación, circunstancia y relación.

Tienes que creértelo. Tienes que saber que eres un ser creador, que tu potencial es real y que si acompañas tu visión de una intención y un compromiso, estarás en el camino de manifestar todo y cuanto te propongas. Sé consciente de lo que siembras y de cómo lo siembras. Cultiva una actitud de amor y agradecimiento hacia ti, de merecimiento. Ese es el cómo que te sintoniza con la fuente creadora. Tendremos éxito en la medida en la que estemos sintonizados de corazón con lo que hacemos. Si tú pones tu corazón en lo que haces, la vida te ayuda a manifestarlo, el universo te brinda las personas y circunstancias que necesitas para llevar a cabo tus sueños.

Una frase bellísima de Francisco de Asís dice: «Empieza por hacer lo necesario; a continuación, haz lo que es posible y de repente estarás haciendo lo imposible». ¡Creer que puedes hacerlo y mantener esa intención cada día de tu vida hace que hagas lo que ni siquiera te imaginabas que podrías llegar a hacer! El límite es precisamente este, lo que eres capaz de imaginar, de visualizar, de mantener en tu mente con plena confianza en ti y en tu potencial creador.

El límite es nuestra imaginación
y nuestra imaginación no tiene límites.

Estar en el ser, vivir plenamente, nos hace gozar de un estado de abundancia, en el que la confianza en la vida y el amor por ti simplemente se manifiestan, son parte de ti. Te conviertes en la encarnación de ese estado elevado de tu ser, un estado de todo es posible, de poder conseguir todo lo que te propongas desde el corazón. No se trata de hacer, hacer, hacer. Es más bien ocupar ese estado del ser para hacer, de hacer desde el ser. Ese estado en el que el qué se nos revela, sabemos para qué estamos aquí y dejamos que el cómo se manifieste.

La intención funciona. Mantén viva tu visión y no esperes que venga de una forma concreta, la vida tiene su propio saber hacer y sabe mucho más que nosotros de los mecanismos invisibles y mágicos del universo.

¡Alimenta tu visión!

Ahora recupera la visualización del Yo esencial y pinta un mandala que refleje todos los sueños y revelaciones que desees manifestar. Míralo y aliméntalo cada día. Llénalo de luz. Vive tu vida como si ese mandala fuera ya tu realidad.

Además, ten en cuenta y recuerda tan a menudo como puedas:

1. Cree en ti y en que puedes lograr todo lo que te propongas, tu cerebro tiene la capacidad de crearlo.
2. Imagina lo que deseas conseguir, lo que quieres vivir; imagina, lo más en detalle que te sea posible, el sueño de tu vida, el proyecto que te apasiona, la vida que deseas.

3. Visualízate como si ya lo tuvieras, como si lo estuvieras disfrutando, eso te ayuda a atraerlo. Visualízate trabajando con lo que te apasiona, viviendo en el lugar que anhelas, haciendo cualquiera de tus sueños realidad.

4. Cada vez que desees algo, ponlo por escrito. Todo lo que acabas de imaginar y visualizar anteriormente, haz que baje al papel, que no se quede en un espacio aéreo, en la imaginación. Ese es el comienzo de su viaje hacia la manifestación.

5. A continuación píntalo, escríbelo en letras grandes, pégale fotografías o dibujos, elabora un mandala con lo que deseas crear en tu vida y ponlo en un lugar en el que puedas verlo a diario.

Propósito de vida

Tu vida ha sido moldeada para tu bien
y es exactamente lo que tiene que ser.
No pienses que has perdido el tiempo.
No hay caminos cortos en la vida.
Cada situación que viviste te ha traído
al presente que tienes ahora.
Y tu presente es el momento correcto.

ASHA TYSON

Hay tres formas de vivir: orientado en las tareas, orientado en los logros y orientado en el propósito.

Quien está orientado en las tareas no logra ver más allá de cada cosa que realiza.

La persona orientada en el logro, en el objetivo, está toda su vida esperando poder llegar a ese momento en que se cumple el objetivo, se llega a la meta y se termina.

Quien está orientado a su propósito disfruta cada momento, porque sabe que cada acción y cada segundo lo está dedicando a cumplir ese propósito de vida, y cada respiración se transforma en gozo por vivir.

MICHAEL BECKWITH

Al contrario de lo que muchos piensan, para mí, todos y cada uno de nosotros estamos viviendo nuestro propósito de vida en este mismo momento, porque el propósito como tal es vivir y disfrutar plenamente de la experiencia de la vida. Para eso hemos venido.

Tú ya estás viviendo tu propósito de vida cada día, lo que ocurre a cada instante es parte de lo que tienes que vivir para evolucionar.

El propósito de vida no tiene nada que ver con lo que haces, sino con lo que has venido a ser, a vivir.

¡Tienes cualidades que te son propias (valores, talentos, actitudes) y estás llamado a manifestarlas! Perder el tiempo siendo lo que no somos, esconder nuestra grandeza no solo no nos ayuda, sino que nos quita un montón de energía. Mostrarte tal cual eres, vivir con todo tu potencial te empodera, te conduce a la excelencia y te encamina a la plenitud.

Tu afán de superación, ¿hacia dónde va encaminado? En sociedad aprendemos a enfocar nuestra vida hacia los logros profesionales, hacia convertirnos en «algo» que generalmente está relacionado con lo que se espera de nosotros, con aspiraciones profesionales o con la pertenencia a una clase social. El propósito de vida tiene que ver con llegar a ser «alguien» y ese alguien eres tú. El afán ya no es de ambición, sino de mejora, de convertirnos en un mejor ser humano, no mejor que nadie, sino mejor de lo que éramos ayer.

Sé, cada día más, tú. Este es el camino que fusiona tu

personalidad con tu alma, que te permite realizarte desde el ser y encarnar tu propósito, disfrutar de la vida, vivir con plenitud.

El propósito de vida está íntimamente relacionado con crecer, redescubrirte, amarte, liberarte, expresar todo tu potencial y sanar tus huellas emocionales. Tiene que ver con tu actitud de crearte a ti mismo, ser tu propio autor, ser auténtico.

Descubrirte y ser fiel a tu esencia
es el proceso vital de autodescubrimiento
al que la vida te invita en cada momento.

El proceso de despertar es un viaje de toma de consciencia de lo que eres en realidad, no desde el ego, sino desde la autenticidad de tu ser. Estás aquí para vivir la plenitud de lo que eres, sea lo que sea, y cada una de las experiencias de tu vida va en la dirección de hacerte a ti mismo, de ser auténtico, el autor de tu propia vida.

La palabra autor viene del latín *auctor*, que significa fuente, instigador, promotor. Deriva de la palabra *augere*, aumentar, agrandar, mejorar, así que el autor no tiene que crear de la nada, sino perfeccionar lo que ya existe y promoverlo.

El éxito no solo tiene que ver con tus cualidades innatas, sino también con el entorno en el que vives y te desarrollas. Las circunstancias de tu entorno, aunque te parezca todo lo contrario, te ayudaron a ser quién eres hoy en día. Revisa bien de dónde vienes y encontrarás muchas respuestas.

Todas y cada una de las circunstancias de tu vida han sido las más adecuadas para llevar a cabo tu propósito de vida, para revelar quién eres en esencia, para satisfacer los deseos más profundos de tu alma y evolucionar.

Evolución, del latín *evolvere*: *ex* (echar afuera) y *volvere* (dar vueltas); es algo así como «dar vueltas hacia fuera». La teoría de la evolución propuesta por el francés Chevalier de Lamarck, predecesor de Darwin, propone que las especies biológicas modifican sus propiedades bajo la acción de un evento externo. En otras palabras, todo lo que ocurre afuera, cada experiencia que vivimos en nuestras familias, trabajos, relaciones, etcétera, ocurre deliberadamente para hacernos evolucionar.

El propósito de vida está ligado a nuestra visión de la vida. Lo que ocurre cada día de tu vida, ¿te brinda una enseñanza? Si es así, tu vida es un constante aprendizaje, un constante ir hacia delante, un fluir con lo que ocurre y con la facilidad que la vida nos muestra en cada paso. Lo que nos genera dolor en la vida es la resistencia, el tomárnoslo todo personalmente, el enredarnos en un círculo vicioso de defensa y lucha, manifestado en la actitud del ego.

El viaje de la vida es conducirte hacia el ser, vivir la plenitud, llevar a cabo la función que más te satisfaga, honrar lo que para ti es importante, disfrutar de la experiencia de estar vivo a cada instante y sentir pasión por lo que eres y por lo que puedes llegar a ser.

El propósito de la vida es el disfrute total
de esta experiencia evolutiva.

Este es un viaje para recordar tu esencia, para que te conozcas a ti mismo. La experiencia te brinda la llave que necesitas para recordar quién eres. Recordar, conocer y experimentar. Ese es el propósito de nuestra vida, crear una vida con sentido, con corazón, desde la esencia de nuestro ser.

Vivir tu propósito de vida

¡¡Sal a la naturaleza!! Da un paseo por la playa o un bosque. Camina a tus anchas y respira invadiendo tu cuerpo de aire fresco y de belleza. Sé vida inhalando más vida, estira tu cuerpo, muévete libremente por el espacio. Acude a un lugar en el que tengas perspectiva, encuentra un amplio horizonte en el que volar alto. Mira hacia el infinito y pregúntate:

¿Qué me apasiona en la vida?
¿Qué me hace sentir vivo, feliz, entusiasmado?
¿Qué me hace disfrutar y perder la noción del tiempo?

¿Qué puedo agradecer, honrar y bendecir en mi vida?

¿Qué he aprendido en los últimos cinco años sobre mí?

¿Cómo me visualizo dentro de cinco años?

¡¡¡¡Hazlo!!!!

Agradecer y merecer

Puedes decir cuan evolucionado
está alguien por lo agradecido
que se siente por todos los regalos de la vida.

Sri Ramakrisna

El agradecimiento es la señal que envías de vuelta a la vida como signo de gratitud y merecimiento. Agradeces cuando eres consciente de ese acto de recibir y lo que recibes te llena de felicidad.

La gratitud es una fuerza motriz de atracción hacia la vida, hacia lo que más deseas, hacia la prosperidad.

Nuestra vida es abundante si pensamos en lo que tenemos y no en lo que nos falta. Cuando nos hacemos conscientes de todo por lo que podríamos estar agradecidos, parece que todo agradecimiento sea poco. Agradecer cada día la vida, agradecer estar sanos, agradecer cada comida, cada inhalación, cada momento de gozo, cada relación que existe y nutre nuestra vida, cada sonrisa, cada encuentro, cada situación. Agradecer tan a menudo como respirar.

Somos merecedores de todo lo que la vida nos trae.

Recuerda la vibración y la resonancia. Mereces todo lo bello que hay en tu vida porque tú mismo lo atraes. Si no te sientes merecedor o no valoras lo que tienes en la vida o eres de los que se pasan los días pensando en lo que les falta, es que no estás sintonizado con la abundancia y el flujo incesante de la vida. ¡Sé consciente de ello! Lo que alimentas es lo que atraes a tu vida, una y otra y otra vez.

Utiliza tu sentir como brújula. Tu alegría y tu bienestar, tu capacidad de agradecer te recargan las pilas, te dan energía de vida, te muestran que vas por buen camino. ¡Estamos aquí para disfrutar! De la misma forma estate atento a tu malestar. Si estás cansado, enfadado o sientes resistencia, miedo, confusión o tristeza, observa como merma tu vitalidad. Las emociones son las señales del alma, con avisos para que puedas discernir y decidir si sigues eligiendo ir por dónde vas.

El merecimiento es proporcional al amor que sientes por ti mismo. Cuando te amas sabes que mereces. Cuando te amas no puedes sino agradecer constantemente a la vida. Todo lo que te ocurre, te ocurre para motivar tu crecimiento, para ayudarte a crecer, trascender lo que te limita y brillar.

Cuando confías en esa fuerza imparable del agradecimiento y la receptividad, todo comienza a funcionar en perfecta armonía, y si estás en armonía, todo se manifiesta. Estar abiertos a recibir genera, de forma automática, un dar, por eso cuando agradecemos y nos disponemos a vivir plenamente nuestra vida, aparece todo. Recibimos y atraemos a personas y situaciones ideales para nuestro momento vital y nos convertimos en el flujo incesante de dar y recibir.

La atracción funciona por medio del agradecimiento, de un agradecer sincero y compenetrado con la vida, con nuestro interior, con nuestros verdaderos deseos, con los anhelos del alma. Estar sintonizados nos permite visualizar las circunstancias ideales que deseamos, saber qué es lo realmente importante para nosotros y atraer esa realidad a nuestras vidas.

Todas las experiencias, no importa lo bellas o lo difíciles que nos parezcan, tienen un propósito. Agradecer todo lo que llega a nuestra vida nos brinda un aprendizaje. Nada ocurre por casualidad. No existe la suerte o la buena fortuna. Tú estás atrayendo a tu vida todo lo que necesitas para avanzar, puedes atraer todo lo mejor o todo lo peor. ¿Con qué estás conectado en la vida?

Tu antena para sintonizar está dentro de ti y depende de tu estado de consciencia. Un caracol lleva todo a cuestas, tú llevas todo dentro de ti; para verlo, mira tu vida en una perspectiva de 360 grados y verás todo lo que estás creando. Sé agradecido por lo que ya tienes, por toda la belleza que te rodea, y cambia aquello que no alimenta tu felicidad y tu paz interior.

Eileen Caddy escribió este texto inspirador en *La voz interior*:

Estás rodeado de belleza, abre tus ojos y mírala y da gracias constantemente por ella. Permite que la belleza te transforme y te inspire hacia lo más bello y lo más alto. La belleza que está dentro de ti no puede ser contenida, déjala brillar. Llena tu corazón y tu mente de bellos pensamientos y busca la belleza en todas partes. Cuando hayas mirado suficientemente profundo, durante el tiempo suficiente, entonces la verás y la apreciarás.

Comienza el día de hoy dispuesto a ver belleza en cada cosa, el amor y la belleza van de la mano, no dejes de dar las gracias por todo lo que te rodea.

El agradecimiento es un bálsamo para apreciar la vida, un camino hacia la plenitud, una fuerza de atracción y transformación. Estar agradecido es ser consciente de estar vivo y disfrutar de estar plenamente despierto. ¿Te sientes agradecido? ¿Te sientes merecedor de toda esa belleza?

Que el agradecimiento sea tu mantra al despertar, tu canción durante el día y tu oración antes del sueño.

Agradecimiento

Una vez más, coge tu libreta y haz una lista de al menos cien cosas por las que estás agradecido, ¡por las que te sientes dichoso! ¡Numéralas!, ¡como mínimo cien! Serás consciente de todo lo que existe en tu vida aunque jamás hayas dado las gracias por ello.

Después de este ejercicio, elabora tu propia afirmación de agradecimiento a la vida. Tenla cerca de tu cama y léela cada mañana y cada noche. Sintoniza con el agradecimiento al despertar, sintiéndote dichoso por la oportunidad de vivir un nuevo día, y conecta de nuevo antes de acostarte, agradeciendo todo cuanto ha ocurrido durante el día. Aprecia todo lo bello que te haya ocurrido, agradeciéndolo, y saca una enseñanza de todo aquello que te haya resultado difícil o doloroso, agradeciéndola del mismo modo y dejándola partir.

Tu afirmación puede comenzar por:

Yo, (tu nombre) agradezco...

Encender la luz

Lo importante es ser capaces en todo momento
de sacrificar lo que somos por lo
que podríamos llegar a ser.

CHARLES DUBOIS

A lo largo de este libro hemos hablado del ser divino que mora dentro de cada uno, de nuestro potencial creador, del poder ilimitado de nuestro ser, de la luz que brilla en nuestro interior. Hemos visto que tenemos un poder inconmensurable que puede hacer y manifestar cualquier sueño en realidad. Sabemos todo lo que necesitamos para ello: estar vivos y ser conscientes.

Encontrar este texto ha sido una de las grandes revelaciones en mi proceso de despertar:

Lo que más miedo nos da no es ser incapaces. Lo que más miedo nos da es ser poderosos más allá de toda medida. Es nuestra luz, no nuestra oscuridad, lo que más nos asusta. ¿Quién soy yo para ser una persona brillante, hermosa, dotada, fabulosa? En realidad, ¿quién eres para no serlo? Eres un hijo de Dios, y si juegas a empequeñecerte, con eso no sirves al mundo. Encogerte para que los que te rodean no se sientan inseguros no tiene nada de iluminado. Todos estamos hechos para brillar, como brillan los niños. Nacimos para poner de manifiesto la gloria de Dios, que está dentro de nosotros. No solo en algunos, sino en todos nosotros. Y si dejamos brillar nuestra propia luz, inconscientemente daremos permiso a los demás para hacer lo mismo. Al liberarnos de nuestro propio miedo, nuestra presencia automáticamente liberará a los demás.

MARIANNE WILLIAMSON

Tenemos mucho miedo a descubrir nuestra grandeza. Tenemos miedo de brillar. Tenemos miedo de destapar la caja de Pandora y dejar salir a flote nuestros talentos, nuestra verdad, nuestra virtud. Tenemos miedo de perder el amor de nuestros seres más queridos si nos mostramos tal y como somos, desde nuestra esencia y con todo nuestro potencial.

A muchos de nosotros nos da pánico no ser aceptados si hacemos lo que de verdad deseamos, si nos arriesgamos a ser auténticos y a tener éxito. Una vez le pregunté a una amiga: «¿Qué es lo que te frena para escribir el libro que llevas dentro?». «La reacción de mis seres queridos —contestó—. Tengo miedo de que si utilizo todo mi potencial, si expreso lo que llevo en mi interior, ellos no me acepten. Creo que no podría soportarlo.»

Uno de mis clientes de *coaching* estaba volando hacia sus sueños extendido, física y mentalmente, y fluyendo con la vida cuando en la mitad de la sesión cambió su postura corporal, se encogió de hombros y dijo: acabo de ver todo lo que es posible, seguir adelante implica cambiar radicalmente mi vida y no sé si estoy dispuesto a hacerlo. Sentí como se sentía paralizado ante la posibilidad de brillar con todo su esplendor, sentí su miedo expandiéndose más allá de él como una onda energética.

No le sirve a nadie que no seas quien estás llamado a ser, que juegues a medias el juego de la vida, que te conformes con la mediocridad cuando dentro de ti mora el potencial de la grandeza. Nunca nos sentiremos del todo satisfechos en la vida si no expresamos todo nuestro potencial y llevamos a cabo nuestra misión vital.

De acuerdo a nuestro propósito de plenitud, cada uno necesita vivir su verdad para crear y expresar su aprendizaje vital y favorecer su propia evolución y la de su entorno. Cuando aceptas tu verdad y comprendes tu conocimiento ilimitado te abres a experimentar el amor puro, la alegría infinita, la vida tal y como ES.

Las respuestas están adentro, no busques fuera la verdad, encontrarás la verdad de otros. Tu verdad está dentro de ti, en la cuna de tu alma, esperando a que tú la despiertes y vivas en honor a ella.

La plenitud es el mensaje que confirma tu verdad. Tu alegría es el mejor guía que puedes recibir y viene como una respuesta desde el interior de tu ser. Escucha tu cuerpo. Escucha tu emoción. Son las llaves que abren la puerta de la realidad, de lo que es válido y certero para ti. Si estás ilusionado, si sientes alegría, así te habla el bienestar de tu corazón.

La expresión de la verdad de tu alma
es lo que crea la plenitud en tu vida.

Ya no nos sirve escondernos. No nos sirve a nosotros y no le sirve al mundo. Ya no nos sirve mentir ni mentirnos. Ya no nos sirve permanecer ocultos. Tienes algo bello para ofrecer dentro de ti, tu mensaje vibra y brilla en tu interior cada día de tu vida, esperando a que tú lo reconozcas y lo saques al exterior para poder relucir.

Estás aquí para manifestar tu mensaje, lo que tú tienes que decir es único. La forma de expresarlo es la forma que tú elijas para hacer honor a esa verdad, para honrar tu belleza y tu mensaje de plenitud. Todos tenemos algo para hacer en el mundo. Todos tenemos algo que decir. Sea lo que sea lo que tengas para entregar al bienestar de la humanidad, búscalo en tu corazón y sé impecable con tu verdad.

Al igual que te he invitado a reconocer la sombra, ahora te invito a encender la luz, a contemplarte como un ser poderoso. Lo que admiras de los demás también está dentro de ti. Si ves grandeza en otros, estás viendo tu propia grandeza. Saca la lista de las personas a las que admiras y reconoce esos mismos rasgos dentro de ti. Todo lo que te inspira es un aspecto de ti, de tu grandeza, de tu magnificencia como ser humano.

Se nos ha enseñado a ocultar nuestra grandeza, a no hacer alarde de ella, a no mostrarnos. Se nos ha dicho que es prepotente y presuntuoso hacerlo y hemos aprendido a negar nuestras cualidades o a no desarrollarlas solo por mantenernos al mismo nivel que los demás, a no destacar, a no ser quienes somos realmente.

Te invito a que aplaudas cada uno de tus éxitos y celebres cada una de tus virtudes, a que busques tu autenticidad y vivas en honor a ella, a que reconozcas tus dones, tu belleza, tu potencial, tu poder de elección y tu posibilidad de éxito en la vida. A que ames y reconozcas todo lo bello que existe dentro de ti, cada una de tus cualidades y actitudes. A que te honres y agradezcas a la vida por todas ellas y tengas la valentía de aceptarlas y apreciarlas. Tú lo mereces.

Tenemos más miedo de nuestra luz que de nuestra sombra. La sombra nos ha venido acompañando a lo largo de la vida y estamos, aunque insatisfechos, acostumbrados a ella. Forma parte de nuestra zona de confort. Pero no estamos para nada habituados a vivir desde la potencialidad pura, desde la expresión de nuestro ser y la excelencia. Ese es el gran reto, vivir desde la grandeza, mostrar nuestra verdadera esencia, abrir el tesoro de nuestro interior y compartirlo con el resto del mundo. Hacer brillar al Buda de barro.

Manifiesta tu verdad

Asistes a una conferencia en la que varias personas han sido invitadas para hablar sobre el aprendizaje de la vida. Tú eres una de ellas.

Varias personas han subido ya al escenario y han hablado de lo que para ellas ha sido más importante, se han dejado fluir y han contado, desde sus corazones, su propia verdad, su mensaje.

Es tu turno, te toca subir al escenario, ante una multitud que espera escuchar tu mensaje, esperan recibir tu verdad, simplemente escuchan y permanecen a la espera de tus palabras, con total presencia y aceptación de lo que ocurre, con una escucha plena y entregada. Tú tienes, para compartir tu propia voz, tu voz interior, tu amplia biblioteca y tu sabiduría. Tienes un mensaje para dar y la vida te ha traído hasta este escenario para compartir tu verdad. ¿Qué te gustaría compartir con esa multitud? ¿Qué tienes para ofrecer al mundo?

Coge tu cuaderno y responde a estas preguntas sin pensar demasiado, deja que fluya lo que te llega espontáneamente desde tu corazón y escríbelo.

Decir sí a la vida

Hay dos maneras de vivir la vida:
una, como si nada es un milagro,
la otra es como si todo es un milagro.

ALBERT EINSTEIN

De la fuente interior del amor nace todo lo que cualquier ser humano necesita, ese es el manantial de nuestra propia felicidad. Lo que estás buscando incesantemente afuera se halla dentro de ti. Empieza por ti, deja de buscar afuera el amor, el respeto, el reconocimiento, la aceptación, la comprensión y el apoyo. Date grandes dosis de amor, aceptación y respeto.

Practica cada día de tu vida dándote todo lo que deseas, satisfaciendo todas y cada una de tus necesidades, siendo el primero que acude a la cita del amor y el cuidado de ti mismo cada día, cada mañana, en cada gesto que tienes contigo o en la interacción con el mundo.

Según Maslow, «el darse cuenta de cómo se es real y profundamente es la llave para la plenitud en la vida. Solo una persona que se ama y se respeta a sí misma es capaz de realizar todo su potencial, en un proceso que cada día la conduce a su total autorrealización».

Solo así podrás comprender que esa fuente infinita de la creación está dentro de ti y tú eres el único que puede despertar y sintonizar con ella. La ecuación resulta sencilla: ámate y serás amado, acéptate y encontrarás la aceptación de los demás, compréndete y serás comprendido, respétate y hallarás respeto, di tu verdad y la verdad se revelará ante ti.

Solo desde la paz en tu interior podrás brillar y sentir que todos brillan a tu alrededor, que la gente irradia amor dentro de sí.

Brilla, el reflejo que emites es lo que viene devuelto. Cuando das lo mejor de ti, la vida te devuelve solamente lo mejor, en cada acto, en cada persona, en cada oportunidad que llega a tu vida.

Cuando nos amamos a nosotros mismos, la vida nos muestra la belleza de su propia danza. Quizá, la enseñanza más básica que tiene que aprender el ser humano sea tan sencilla como esta ecuación: Cuanto más amor somos capaces de dar, más amor somos capaces de recibir.

Estamos aquí para ser y expresar la grandeza de lo que somos. Para amar y ser amados. Esa es la mejor paleta de colores para pintar nuestro destino, desde la esencia pura y única de nuestro interior. La única manera en la que encontrarás tu verdadero ser, la fuerza vital que te habita, la pasión que vive dentro de ti, es abrazando lo que eres. Amando lo que eres, amando lo que es.

Nuestra alma busca expresión
y manifestación cada día de nuestra vida.

Abraza tus emociones, escucha tus sentimientos, la verdad de tu interior se manifiesta a través de ellos. Enriquecer nuestras vidas y dotarlas de plenitud es una de las necesidades más básicas y profundas del ser humano. El amor es la respuesta a cualquier pregunta, y la manera más pura de manifestar el amor es actuando desde el ser divino que habita dentro de ti.

¿Estás dispuesto a abrir tu corazón? ¿Estás dispuesto a disfrutar de la belleza de la vida, a vivir en armonía y a sentirte uno con todo lo que te rodea? Podemos empezar a considerar la vida como algo más que un tránsito entre el nacimiento y la muerte. Podemos comenzar a valorarla y amarla como un tesoro que nos ha sido entregado con un propósito, en el que todos y cada uno tenemos algo único que ofrecer.

Di sí a la vida. Hagas lo que hagas, hazlo con amor. El amor es la llave, no pierdas el tiempo hablando sobre el amor; vive y demuéstralo cada día de tu vida, en cada gesto, en cada palabra, en cada acto. El amor es la lección más importante que tenemos para aprender, para aprender a amarnos a nosotros mismos, para aprender a amar lo que hacemos, para amar todo lo que nos rodea. Esa es la fuente de la alegría. Honrar, agradecer y amar la vida.

No hay transformación sin el amor. El amor es en sí mismo una fuerza sanadora y transformadora. Deja que entre y llene tu corazón, deja que respire por todo tu cuerpo llenándolo de vida. Que circule y se manifieste a través de ti.

¿Tienes algo más importante que hacer? Mira un instante hacia dentro y comprueba cuanto amor hay dentro de ti. Mira un instante a tu vida y date cuenta de cuánto amor estás poniendo en lo que haces, en lo que dices y en lo que piensas. Ámate, así amarás al mundo sin condiciones y el mundo te amará incondicionalmente.

Ama. Ama como si el mundo terminara mañana, ama con todo tu corazón y sé uno con la vida.

Amar la vida

Voy a proponerte que cojas tu cuaderno y dediques al menos veinte minutos a este ejercicio. Se trata de escribirte una carta en la que expreses todo el amor que sientes por ti, todas las cosas que te agradeces.

Hónrate. Reconócete. Mira en tu interior. Escríbete una carta de amor y agradecimiento desde tu corazón.

Sé quien estás llamando a ser

Dormía..., dormía y soñaba que la vida
no era más que alegría.
Me desperté y vi que la vida no era más que servir...
y el servir era alegría.

RABINDRANATH TAGORE

Reconocer la divinidad dentro de ti es reconocer la existencia de la vida dentro de ti. Tu capacidad de amar es innata e ilimitada. Estás literalmente conectado a una fuente de amor y abundancia. El entusiasmo es como vivir en estado de gracia permanente, en éxtasis, en plenitud y totalidad. Deja que la vida te viva, déjate seducir por el misterio, deja que el amor se filtre por tus venas y alcance cada recoveco de tu ser.

Me encontraba en un *satsang* en la India, con un maestro hasta entonces para mí desconocido, cuando las lágrimas empezaron a surcar mis mejillas y todo mi cuerpo se estremeció con su mensaje.

Prem Baba hablaba en un *ashram* de Laxmanjula sobre el regalo que nos ha sido dado en el momento de nacer,

259

sobre todos los dones y talentos que poseemos y la forma única que cada uno de nosotros tenemos para expresarlos. Habló durante unos minutos sobre el sentido de la vida, sobre el motivo de estar aquí y de hacer algo con nuestra existencia, llevar a cabo una misión, vivir con un propósito. Preguntó varias veces con su voz serena y su mirada amable: «¿Qué está vivo dentro de cada uno de vosotros? ¿Qué está vivo dentro de ti?».

Hablaba de descubrir el don innato con el que hemos sido bendecidos, porque todos, por derecho de nacimiento, hemos recibido un regalo único y maravilloso. Lo que existe dentro de ti, todo ese brillo, todo ese potencial, mora en tu interior para ser descubierto, para honrarlo y entregarlo, para servirte a ti y al mundo que te rodea.

Todos y cada uno de nosotros tenemos algo único,
singular, original, que busca manifestarse a través de nosotros.

El sentido del servicio es que todos tenemos algo para ofrecer. Todos tenemos algo para aportar a la danza de la vida. Ese regalo te ha sido dado para ser compartido, y en el compartirlo podrás descubrir tu verdadera esencia, tus talentos y dones más profundos. Solo compartiéndolos puedes potenciarlos, llevarlos a cabo y entregarlos con todo tu ser. Solo en el compartir los podrás disfrutar plenamente.

Resistirte a descubrir tus capacidades o disfrutarlas, únicamente de forma individual, apaga su esencia.

El talento pierde su poder cuando no lo compartes. Dejas de brillar y lo haces porque no permites que cumpla su verdadero propósito. Estamos aquí para manifestar nuestra grandeza y entregarla, ponerla al servicio de nuestro bienestar y el bienestar de toda la humanidad.

Cada uno de nosotros tiene un don o talento único que germina desde el interior. Se trata de un don divino y estamos aquí para manifestarlo, para servir, para brillar y, desde ahí, honrar este existir. En mi brillar ilumino el despertar de los demás y ese es el acto creativo más noble del universo, «brillo, luego existo».

Brillamos cuando ocupamos nuestro lugar en el mundo y somos quienes hemos venido a ser, honrando nuestro mensaje, ofreciendo nuestro talento, siendo una pieza más del puzle maravilloso del despertar de la humanidad. La magia existe y se manifiesta en nuestras vidas a cada instante. Cuando nos rendimos a nuestros dones y confiamos en la vida, cuando entregamos cada acto al bienestar de los demás, cuando lo que hacemos lo hacemos con amor, devoción y entrega, cuando comprendemos con humildad que todo lo que tenemos ha sido un regalo para ser compartido, cuando vivimos desde el ser y dejamos que el hacer se manifieste por sí solo, estamos viviendo una vida con propósito, encarnando la luz que hemos venido a irradiar a la humanidad.

En este momento, cada vez más personas se están poniendo al servicio de una multitud que despierta. Cada uno lo hace de una forma diferente, única. Tu guía es la voz de tu interior. Tú sabes que tienes dentro de ti una enorme biblioteca de sabiduría para orientarte en la vida. Tu alma busca manifestarse a través de ti, busca que lleves a cabo tu propósito más elevado y cumplas tu misión.

Si comprendes, integras y abrazas dentro de ti la idea de que tú eres un ser creativo y estás dispuesto a abrir el puente que te une a la fuente de tu expresión, a conectar íntimamente con tu intuición y tu alma, a entregarte totalmente a la vida, lo que ocurre es que tu creatividad se expande y te conviertes en un canal ilimitado para recibir los mensajes que han de revelarse a través de ti.

Esa fuente de sabiduría nos colma de revelaciones y mensajes que nos apoyan y nos guían hacia la plenitud de vida. Tú mereces recibir esas revelaciones, esos mensajes. Tú eres el canal para tu propio mensaje interior. Solo tú puedes hacerlo. Cada uno tiene el potencial de traer a esta existencia un mensaje concreto. Cada uno de nosotros puede manifestar esa revelación por medio de los dones y talentos que nos han sido dados. No hay competencia posible porque todos somos necesarios, porque todos somos únicos en la expresión de nuestro mensaje y, a la vez, todos somos parte de la misma energía creadora de la vida.

Si quieres contemplar a Dios, mírate en un espejo, admira tu belleza y admite tu potencial. Hónrate a ti mismo. Tú eres tu maestro. En tu amor se encuentra la llave de la plenitud, la abundancia y la sabiduría. Ámate, ríndete y vive plenamente en estado de gracia.

No hay otro ser humano igual a ti en el mundo. Eres

único, perfecto, y tienes algo mágico para ofrecer. Entrégate al amor universal. Hazle saber al universo que estás a su servicio. Manifiesta tu conexión con la fuente de la abundancia. Sirve en cada uno de los actos de tu vida. Ríndete a la magia de tus tesoros ocultos. Deja que tu alma te guíe y te muestre el camino a seguir. Hazle saber que la escuchas y que lo más importante para ti, lo más imperativo es ser quien estás llamado a ser en esta vida.

Declaración de misión

Acude a tu espacio sagrado y coge tu cuaderno, cierra los ojos y respira varias veces, lenta y profundamente. Sintoniza con la magia de estar vivo, con tus dones y talentos y con lo leído en los párrafos anteriores, y responde sinceramente a estas dos preguntas:

Si el tiempo y los recursos no fueran un problema, ¿qué haría?

Si tuviera el éxito asegurado, ¿qué comenzaría a hacer ahora mismo?

Tras hacerlo, escribe una declaración de misión con las respuestas que hayas obtenido. Puedes ayudarte del ejercicio «Manifiesta tu verdad» de la página 254.

Escribe una sola frase, de entre cinco y diez palabras,

que resuman tu propósito. Tómate tu tiempo y conecta con tu corazón cuando la escribas.

Utiliza esta frase diariamente. Ponla en un lugar visible. Repítela cada día y llévala contigo a todas partes. Esa frase te servirá para inspirarte y reconocer tu misión cada día de tu vida.

El despertar del sol

El ser integral conoce sin viajar,
ve sin mirar y realiza sin hacer.

LAO TSE

Buda «el iluminado», creador del Budismo, hace más de dos mil quinientos años, no era ni un Dios, ni un profeta ni un mesías. Buda nació como un ser humano normal, pero alcanzó un estado de perfecta sabiduría y completa sensibilidad con respecto a todo lo que existe. Buda fue quien «despertó» a su propio potencial y a la naturaleza verdadera del mundo que lo rodeaba.

¿Qué es ser un ser humano despierto? ¿Qué significa «brillar»? La palabra Buda proviene del sánscrito *buddha:* «iluminado». Etimológicamente deriva del verbo *budh:* «despertar, prestar atención, darse cuenta, entender, recuperar la conciencia».

Un ser humano despierto, alguien que brilla, es un ser humano que ha descubierto su verdadera naturaleza y ha abrazado la luz de su potencial, la sombra de sus miedos y limitaciones y ha trascendido su ego para volver a sentir su esencia. Es aquel que es consciente de su grandeza, su potencial y su misión. Cree en sí mismo y en la vida, confía en su intuición y se deja guiar por su corazón. Sabe que su sabiduría es ilimitada y todo lo que necesita está en su interior. Está liberado de las creencias que lo limitan. Está comprometido a vivir plenamente su vida. Mantiene la visión de lo que desea y lo atrae desde el corazón. Invierte en sí mismo, se cuida, se ama y satisface sus necesidades. Vive desde sus pasiones y motivaciones. Honra sus valores y vive en honor a ellos. Dice y hace honor a su verdad.

Es aquel que conoce sus talentos y los desarrolla constantemente. Conoce su sombra y la abraza. Conoce su luz y la potencia. Es responsable de sus emociones y sabe gestionarlas. Es impecable con sus palabras. Está comprometido con su plenitud y la de su entorno. Reconoce la divinidad dentro de sí. Sabe que la vida es un constante crecimiento y está dispuesto a seguir evolucionando. Tiene su mirada y su atención puesta en el presente. Comparte sus dones y talentos con humildad, agradecimiento y entrega. Sabe que el mundo mejora desde el interior del ser humano y practica con el ejemplo. Ha dejado atrás los deseos del ego y vive en la esencia del ser. Vive en estado de permanente agradecimiento. Se ama a sí mismo y a la humanidad. Vive su vida con propósito. Lleva a cabo su misión en la vida y vive sin miedo, entregado al misterio.

Un ser humano consciente es aquel que se reconoce eterno y sabe que la vida es infinita. Vive con una perspectiva de prosperidad y abundancia y eso es lo que atrae permanentemente. Sabe que en su camino cualquier inconveniente le brinda una oportunidad de aprendizaje y posee un gran sentimiento de confianza y unidad con la vida. Predomina la alegría en su existencia. Su pensamiento es positivo, creativo y la relación consigo mismo y lo que lo rodea está basada en el amor.

Es capaz de rendirse ante la magia de la vida. Está entregado al servicio de la humanidad, en cualquiera de sus formas, y lo hace con pasión, entrega y dedicación.

Estás aquí para brillar,
para vivir plenamente la experiencia de la vida
y despertar tu sol interior.

Has nacido para manifestar la divinidad que existe en tu interior, para despertar la luz que está dentro de ti, que está dentro de cada uno. Siéntete libre y poderoso para ser. Siéntete libre y poderoso para brillar como la luz que tú eres, la luz del mundo.

Ha llegado la hora del despertar. Una nueva humanidad está amaneciendo y una chispa contagia a otra a la velocidad de la luz. Despierta desde tu interior, brilla desde tu esencia, encarna el despertar de tu sol.

Despierta tu sol

Estás en el momento de reconocer donde te encuentras con respecto a la descripción anterior. Ser consciente es un camino de vida, es el trayecto que recorremos entre el nacimiento y la muerte, vida tras vida. No importa cuánto te identifiques con esa descripción, sino si estás en el camino, si alguna de las acciones de tu vida cotidiana están yendo en esa dirección, rumbo al despertar de todo tu potencial.

Somos gotas de agua que forman parte de un océano infinito de vida y energía. En la gota está contenida el océano entero, hacernos conscientes del potencial de la gota es parte de nuestro proceso evolutivo, estés donde estés, hagas lo que hagas, seas quien seas, eres esa gota y estás entrelazado, conscientemente o no, con todas y cada una de las gotas de agua que forman parte de este océano.

¡Brilla!

- Sintoniza con la abundancia de la vida, conecta con tu pensamiento más allá de la imaginación. Si lo puedes concebir, ¡lo puedes crear!
- ¡Visualiza, visualiza y visualiza! Como si ya tuvieras lo que deseas, imagínate disfrutando de lo que quieres crear en tu vida.
- Céntrate en el qué y permite que el cómo se manifieste en tu vida. ¡¡¡¡Confía!!!!
- Agradece constantemente por lo que tienes, por lo que eres y ¡por lo que puedes llegar a ser!
- Escribe cada día, afirma, pinta, visualiza, ¡crea!
- ¡En tu intención y tu compromiso con la vida está la clave del éxito! Mantén viva tu pasión por la vida. ¡Irradia tu entusiasmo!
- Sé el autor de tu propia vida y disfruta lo que ocurre.
- Trabaja con afirmaciones positivas. No dejes de afirmar tu agradecimiento y amor por la vida.
- Crea tu propio texto inspirador, puedes basarte en el

texto de Marianne Williamson de la página 249. ¡¡Reconoce tu luz!!

- ¡Haz del agradecimiento tu mantra!
- Tú eres la persona más importante de tu vida. Amarte es la llave para amar a los demás. Date completamente.
- Sabes que eres un ser completo. Celebra tu despertar, tus revelaciones, tu conexión con tu guía interior. ¡¡Celébrate a ti mismo!!
- Recuerda que la rendición es entregar al amor universal cada acto de nuestra vida. Esa es la forma de sintonizar con la fuente de la creación y estar al servicio de la humanidad.
- ¡Fluye con la vida y disfruta de la magia! ¡Di sí a la vida!
- Deja sonar la música de tu interior. Honra tu mensaje y compártelo con el resto de la humanidad. Canta la melodía de tu alma.
- Reconoce a la divinidad dentro de ti.
- Sé poderoso. ¡Manifiesta tu grandeza! ¡¡Brilla!!

Brillo, luego existo ☺

MARÍA GARCÍA

Apoyo en tu despertar

Estos son algunos consejos para mantener viva la llama del despertar dentro de ti:

- Vuelve a leer este libro.
- Compártelo.
- Habla de estos temas con otras personas.
- Practica los ejercicios. Leer es importante, pero practicar es imprescindible.
- Escribe cada día, afirma, pinta, visualiza, ¡crea!
- Recuerda que tus saboteadores, pensamientos negativos y miedos, están ahí para recordarte lo que necesitas trabajar contigo mismo y trascender para alcanzar la plenitud.
- No te juzgues. No te critiques. No te culpes ni te compares y tampoco lo hagas con los demás. Si lo haces recuerda que estás juzgando lo que no aceptas de ti.
- Revisa una vez al mes si estás honrando tus valores.

Repite el ejercicio de numerarlos. Descubre nuevos valores importantes en tu vida a medida que creces y evolucionas.

- ¿Estás desarrollando tus talentos y cualidades? ¿Cómo? Ve más allá. Haz un plan de acción con tareas concretas para potenciar tus dones y ponte unos objetivos semanales, mensuales y anuales.
- Ámate con cada pequeño detalle de tu vida cotidiana. Ama quien eres. Regálate palabras de amor y reconocimiento. Celebra tus logros. Crea el entorno que deseas en tu casa. Rodéate de gente que te aprecia y te trata con respeto. Cuida tu salud y tus relaciones.
- Abraza tu sombra. Acoge tus emociones. Amarte es sanarte a ti mismo.
- Mantén una disciplina de trabajo personal. Puede ser meditar, visualizar, hacer yoga, escribir en tu diario personal, pasar tiempo en silencio, visitar cada día tu lugar sagrado, leer tus afirmaciones por la noche y por la mañana, cualquier cosa que funcione para ti y te permita acceder a tu saber interno, a conectar con tu corazón y a ser quien estás llamado a ser.
- No desesperes. La vida es una gran maestra y nos pone a prueba constantemente, nos regala un aprendizaje en cada experiencia. Las cosas llegan cuando las deseas desde el corazón y pones todo tu amor y entrega en hacerlas realidad. No te preocupes por el

tiempo ni por la forma y déjate sorprender por la magia de la vida.

- Brilla en este viaje de evolución hacia tu esencia. Tu alma siempre está contigo. Incluso cuando no puedes ver la luz al final del túnel, mira dentro de ti, conecta con tu luz interior y confía en que dentro de ti se encuentra todo lo que necesitas para vivir la vida que deseas.

- Llámame, escríbeme, contacta conmigo si necesitas compañía en alguna parte del camino, ¡esa es mi misión de vida y será un honor compartir contigo este viaje apasionante del despertar! ☺

Epílogo: Amanece

Llegará un tiempo en el que creerás
que todo ha terminado. Ese será el principio.

LOUIS L'AMOUR

En un tiempo oscuro, los ojos comienzan a ver.

THEODORE ROETHKE

Hemos estado a oscuras durante mucho tiempo, cobijados bajo un eclipse de Sol que nos ha hecho olvidar lo que somos en realidad. Parece que haya pasado una eternidad, pero ha sido solo un breve lapso de tiempo en la historia de la humanidad.

Un cambio de paradigma se produce cuando una persona o grupo abandonan completamente una manera de pensar, ser o comportarse, previamente establecida y predecible. Puede entenderse también como el abandono de un sistema de creencias que resulta obsoleto y el amanecer de una nueva forma de concebir la realidad.

En el momento actual muchas personas están dejando

atrás creencias y pensamientos que ya no les sirven y se están abriendo a nuevas posibilidades, nuevas formas de entender y apreciar la vida. Lo que hace que este momento sea especial es la cantidad de personas que se están abriendo a una nueva conciencia a nivel mundial. Una multitud que despierta, que *re-conoce* lo que realmente es, su potencial, su capacidad de creación y manifestación. Una nueva humanidad que germina como un puzle humano perfecto en el que cada una de las piezas es única y necesaria.

Ha habido cambios de paradigma y creencias a lo largo de la historia de la humanidad que han motivado la evolución del ser humano, el conocimiento, la fusión de razas y culturas, el desarrollo de la tecnología... Lo que resulta fascinante del momento actual es la posibilidad de una expansión de la consciencia sin precedentes. Estamos ante un salto cuántico, un momento evolutivo de inconmensurables proporciones. Todo parece haberse quedado obsoleto en el mundo que nos rodea. Todo parece tener la necesidad de reinventarse de nuevo para acoger una nueva visión de la raza humana, una nueva visión de la realidad que ya nos está impregnando, como lluvia fina caída del cielo en este momento.

Brillando, aceptamos la fortuna de vivir la gran experiencia de la vida, de seguir caminando por este sendero evolutivo: experimentar la alegría, el agradecimiento, el gozo, la prosperidad y la abundancia ilimitadas. Venimos a expresar nuestros talentos únicos, a compartir nuestros dones, a rescatar nuestros valores y honrar los deseos profundos de nuestra alma. Venimos a manifestar el respeto por la Tierra y todas las formas de vida que en ella habitan.

La nueva conciencia nos enseña que venimos para siempre y que, si bien nosotros no estaremos, estarán nuestros hijos y los hijos de nuestros hijos. Esta forma de contemplar el mundo nos regala una actitud de cuidado y respeto de los unos por los otros, una visión inmortal de la vida, un amor por las generaciones futuras.

Me atrevo a afirmar que este es uno de los mejores momentos de la historia para liberarnos del pensamiento negativo y abrazar el ego, para quitarnos la capa de creencias que no nos permite brillar, para hacer de nuestra vida una gran oportunidad de evolución personal y espiritual y contribuir a la evolución del planeta. Es más importante que nunca ser consciente del pensamiento y de lo que uno está atrayendo a su vida. Aprender a gestionar nuestras emociones y abrazar la luz y la sombra de nuestro interior.

Millones de nuevas almas están llegando a nuestras vidas con una nueva consciencia. Esas almas son nuestros hijos y nos demandan hacer grandes cambios. Ellos traen un brillo propio y un conocimiento antiguo. Debemos honrarlos por ello y aprender de las lecciones que nos muestran cada día, ellos encarnan este cambio de paradigma y vibración, este salto evolutivo. Ellos traen los mensajes que necesitamos escuchar.

Hemos venido a iluminar el despertar de la conciencia. Estamos en un momento trascendente de cambio evolutivo. La transformación del planeta está ocurriendo aquí y ahora. El cambio es inherente a la vida; la evolución humana, nuestro propósito; el amor, nuestra ley universal. Todo lo que ocurre y ocurrirá es perfecto tal y como es. Aceptarlo y acompañar el cambio que se produce de manera natural, confiar en él, es el bálsamo para vivir sin miedo. Todos somos instrumentos para el cambio, motores del cambio al servicio del misterio. Vivimos en un universo vasto e infinito. Nuestro sistema solar evoluciona como una danza en la que todo está conectado. Vivimos, todos juntos, en el mismo campo de energía. Todos formamos parte del todo, y todos tenemos un impacto sobre el todo. Ser quiénes somos, expresar todo nuestro poder, vivir desde nuestra grandeza, ser quienes estamos llamados a ser, tiene el poder de iluminar a todo lo que nos rodea, de despertar a los demás y de contribuir a la toma de conciencia e irradiar una nueva forma de entender y disfrutar la vida. Tiene la fuerza de una estrella naciente que trae la conciencia del universo.

Cuando una candela enciende otra
y así se encuentran encendidas millones de candelas,
así un corazón enciende otro
y se encienden miles de corazones.

LEÓN TOLSTOI

La noche termina. La primavera comienza y el Sol se despierta. Tú solo eres responsable de ti mismo. Una estrella infinita de luz brilla en tu interior. No ha dejado de hacerlo desde los albores de la humanidad. Solo tú puedes abrir el corazón y dejar que esa luz te sane y se expanda al resto del mundo. Solo tú puedes tomar la decisión de brillar y despertar tu propia luz; entonces, estarás brillando como el Sol.

¡Namaste!

Sitges, 6 de enero del 2011

Bibliografía y videografía recomendada

ARNTZ, William; CHASSE, Betsy, y VICENTE, Mark. *¿¡Y tú qué sabes!? (What the Bleep Do We Know!?)*. [DVD]. Estados Unidos, 2004.

ARNTZ, William; CHASSE, Betsy, y VICENTE, Mark. *Down the rabbit hole. The next evolution*. [DVD]. Estados Unidos, 2006.

BROWN, Michael. *El proceso de la presencia*. Obelisco, Barcelona, 2008.

CADDY, Eileen. *La voz interior*. Luciérnaga, Barcelona, 1992.

CADDY, Eileen. *Dios me habló*. Devas, Buenos Aires, 2007.

CAMERON, Julia. *El camino del artista*. Troquel Editorial, 1996.

CAVALLE, Mónica. *La sabiduría recobrada. Filosofía como terapia*. Anaya, Madrid, 2002.

CHOPRA, Deepak. *Las 7 leyes espirituales del éxito*. EDAF, Madrid, 1996.

DISPENZA, Joe. *Your Immortal Brain: Mastering the Art of Observation*. [DVD]. JZK Publishing, 2005.

DYER, Wayne. *Tus zonas erróneas*. De Bolsillo, Barcelona, 2010.

EMOTO, Masaru. *Los mensajes del agua: la belleza oculta del agua*. La liebre de marzo, Barcelona, 2010.

EPICTETO. *Un manual de vida*. José J. de Olañeta, Palma de Mallorca, 1997.

FORD, Debbie. *The Dark Side of the Light Chasers: Reclaiming Your Power, Creativity, Brilliance, and Dreams*. Riverhead Books, New York, 1999.

FUSTÉ, Mónica. *¡Despierta! Vives o sobrevives*. Autoedición, Barcelona, 2009.

GAWAIN, Shakti. *Visualización creativa*. Sirio, Málaga, 1999.

GIBRAN Khalil. *El profeta*. Obelisco, Barcelona, 2009.

GOLDBERG, Natalie. *El gozo de escribir: el arte de la escritura creativa*. La liebre de marzo, Barcelona, 2004.

HAY, Louise. *Usted puede sanar su vida*. Urano, Barcelona, 2003.

HESSE, Herman. *Siddharta*. Época Editorial, Madrid, 1999.

HESSE, Herman. *Demián*. EDHASA, Barcelona, 2011.

KIMSEY-HOUSE, Henry; KIMSEY-HOUSE, Karen; SANDAHL, Phillip, y WHITWORTH, Laura. *Coaching Co Activo*. LID Editorial, Madrid, 2009.

KORNFIELD, Jack. *Camino con corazón: una guía a través de los peli-*

gros y promesas de la vida espiritual. La liebre de marzo, Barcelona, 2004.

KÜBLER-ROSS, Elisabeth. *La muerte: un amanecer.* Luciérnaga, Barcelona, 2008.

KÜBLER-ROSS, Elisabeth. *La rueda de la vida.* Ediciones B, Barcelona, 2006.

LIPTON, Bruce. *The Biology of Beliefs: Unleashing the Power of Consciousness, Matter & Miracles.* Hay House Inc, Estados Unidos, 2008.

MAHARAJ, Nisargadatta. *Yo soy eso.* Sudhakar S. Dikshit, Bombay, 1981.

MANDEL, Bob. *Terapia a corazón abierto.* Ediciones Neo-Person, Madrid.

MEUROIS-GIVAUDAN, Anne y MEUROIS-GIVAUDAN, Daniel. *Los nueve peldaños.* Luciérnaga, Barcelona, 1998.

MOODY, Raymon A. *Vida después de la vida.* EDAF, Madrid, 2009.

MORGAN, Marlo. *Las voces del desierto.* Ediciones B, Barcelona, 2005.

RAMTHA. *The white book.* JZK Publishing, Estados Unidos, 1999.

RAY, Sondra. *Relaciones con amor.* Ediciones Neo-Person, Madrid, 2001.

RIMPOCHE, Sogyal. *El libro tibetano de la vida y la muerte.* Urano, Barcelona, 2006.

ROSENBERGH, Marshall. *La comunicación noviolenta: un lenguaje de vida.* Gran Aldea Editores, Buenos Aires, 2006.

RUIZ, Miguel. *Los cuatro acuerdos. Un libro de sabiduría tolteca.* Urano, Barcelona, 1998.

RUIZ, Miguel. *La maestría del amor. Una guía práctica para el arte de las relaciones.* Urano, Barcelona, 2001.

SAMPEDRO, José Luís y LUCAS, Olga. *Escribir es vivir.* De bolsillo, Barcelona, 2007.

SARAMAGO, José. *Ensayo sobre la ceguera.* Alfaguara, Madrid, 2009.

SARAMAGO, José. *Ensayo sobre la lucidez.* Punto de lectura, Madrid, 2010.

SUBIRANA, Miriam. *Creatividad para reinventar tu vida.* RBA libros, Barcelona, 2009.

TIPPING, Colin. *El perdón radical.* Obelisco, Barcelona, 2010.

TOLLE, Eckhart. *El poder del ahora.* Gaia, Madrid, 2009.

TOLLE, Eckhart. *Practicando el poder del ahora: enseñanzas, meditaciones y ejercicios esenciales extraídos de el poder del ahora.* Gaia, Madrid, 2009.

TOLLE, Eckhart. *Un nuevo mundo ahora: encuentra tu propósito de vida.* De Bolsillo, Barcelona, 2007.

TZU, Lao. *Tao Te King.* Obelisco, Barcelona, 2004.

VERNY, Thomas y KELLY, John. *La vida secreta del niño antes de nacer.* Urano, Barcelona, 1988.

WALSH, Neal Donald. *Conversaciones con Dios.* De bolsillo, Barcelona, 2003.

YOGANANDA, Paramahansa. *Autobiografía de un yogui*. Self-realization fellowship, New York, 2008.

YOGANANDA, Paramahansa. *Dónde brilla la luz: sabiduría e inspiración para afrontar los desafíos de la vida*. Self-realization fellowship, New York, 2010.

ESTA EDICIÓN DE
«EL DESPERTAR DEL SOL»,
DE MARÍA GARCÍA,
SE ACABÓ DE IMPRIMIR
EN SEVILLA EN EL MES
DE FEBRERO DEL AÑO 2012

’
E

¿ Te ha gustado este libro ?

Alrevés escucha:
lector@alreveseditorial.com
www.alreveseditorial.com

lee / piensa / vive